CODI HWYLIAU

YSGRIFAU AR HAPUSRWYDD

I Non, Jean, Sions, Beth, Cas a Jnanapadma
– fy ffrindiau bore oes a thriw

CODI HWYLIAU

YSGRIFAU AR HAPUSRWYDD

IOLA YNYR

y lolfa

Argraffiad cyntaf: 2026

Cynllun y clawr: Dafydd Owain, Cyngor Llyfrau Cymru
Delweddau o fewn y gyfrol: Rhian Llewelyn Bere

Rhif Llyfr Rhyngwladol: 978-1-80099-848-3

Dymuna'r cyhoeddwyr gydnabod cymorth ariannol
Cyngor Llyfrau Cymru

Cyhoeddwyd ac argraffwyd yng Nghymru
ar bapur o goedwigoedd cynaliadwy gan
Y Lolfa Cyf., Talybont, Ceredigion SY24 5HE
e-bost ylolfa@ylolfa.com
gwefan www.ylolfa.com
ffôn 01970 832 304

Rhagair

Dwi wastad wedi dotio at bobl sy'n gallu bod yn hapus eu byd, er gwaethaf popeth. Nid pobl ffals, ond y rhai sydd wirioneddol yn gallu bod yn gadarnhaol wrth gamu at ddatrysiadau. Dydyn nhw ddim yn troi yn eu hunfan yn dadansoddi eu trallod. Yn hytrach, maen nhw'n sianelu eu hegni at bethau yn eu bywydau sy'n cynnig cysur. Mae'r bobl hynny'n ymddangos yn gyson yn y llyfr hwn – rhai ohonynt yn bobl dwi'n eu hadnabod yn dda, ac eraill yn bobl dwi wedi darllen amdanyn nhw. Ac nac ydw, dydw i ddim yn ystyried fy hun yn un ohonyn nhw. Eto.

Does ganddoch chi ddim syniad o faint y wên a gododd ar fy wyneb wrth i mi sgwennu'r tair llythyren fach yna – 'eto'! Dwi'n dechrau ystyried y galla i ymuno â charfan y bobl hapus ond dwi angen gwneud lot fawr i gyrraedd yno. Mae iechyd meddwl yn effeithio arnon ni i gyd ac mae ceisio'i ddeall a myfyrio arno yn rhan allweddol o sicrhau ein llesiant; mae angen cofleidio breuder a'i gydnabod fel arf i feithrin dewrder drwy onestrwydd. Mae hi mor hawdd mynd i batrwm meddwl ac ymddygiad niweidiol, yn arbennig yn y ffordd rydyn ni'n ymdrin â'n hunain. Mae'n wir am y modd rydyn ni'n cysylltu â phobl eraill hefyd. Dyna'r 'helô, su mae …', 'yndw'n iawn, diolch' arwynebol sy'n datgelu fawr ddim am sut ydyn ni go iawn.

Yn ddiweddar, dwi wedi dod i ddeall sut mae'r tensiwn oddi mewn i mi fy hun yn effeithio ar fy mywyd. O ddarllen llyfrau lu, gwrando ar bodlediadau a thrafod efo pobl ddoeth a gofalgar, dwi wedi dod i adnabod fy hun yn well a dysgu mwy am yr unig bethau sydd gen i bŵer drostyn nhw, sef fy ymddygiad, fy meddyliau a'r modd dwi'n ymateb iddyn nhw a'r byd o 'nghwmpas.

Hwylio ydi'r trosiad dwi wedi'i ddefnyddio yn y llyfr hwn. Ychydig iawn o brofiad sydd gen i o hwylio, ac er bod teithio ar gwch a cheisio'i feistroli yn y dŵr yn fy nychryn, dwi wrth fy modd yn gwylio cychod hwylio ar y môr. Maen nhw'n cynrychioli antur, o fod yn un â natur a'r gallu i gyrraedd rhywle heb lygru'r amgylchfyd efo injan sy'n llosgi tanwydd. O fod yn gweithio yn un â'r cwch, mae tawelwch yn dod, ond mae angen parchu'r elfennau i deithio yn y ffordd fwyaf effeithlon.

Am ddegawdau doeddwn i ddim yn gallu deall, nac yn cydnabod, faint o egni oedd ynghlwm â'r meddyliau prysur yn fy mhen. Mae sylwi a chydnabod yn rhan o'r daith i newid, er gwell, gobeithio. A chofiwch, mae gan bob cwch hwylio gwerth ei halen system ddiogelwch i'w amddiffyn rhag argyfyngau – cylch bywyd coch a gwyn efo rhaff arno neu gwch rhwyfo bychan.

Yn y llyfr hwn, fi ydi'r cwch; y môr ydi pobl eraill. Y tywydd a'r dirwedd ydi'r pethau sy'n digwydd i mi mewn bywyd – un ai'n uniongyrchol neu'n anuniongyrchol. Wrth siarad â Jean, fy ffrind, a Dei Tomos, sy'n hwylwyr profiadol, mae'r cysyniad yn dal dŵr (sorri) ac yn ffordd o greu fframwaith i ddatblygu system i fyw'n hapusach. I Dei, canolbwyntio a bod yn effro i'r byd o'i gwmpas sy'n amhrisiadwy – gwylio'r llanw a chadw llygad ar sut mae unioni'r cwch mewn perthynas â'r newidiadau yn y gwynt. Mewn llythyr, disgrifiodd Jean beth oedd apêl hwylio iddi hi:

Cychwyn ar antur, chydig yn ofnus, chydig yn oer, heb wybod yn union lle fyddwn ni'n cyrraedd. Ias yr awyr yn dy chwythu lle mynnith o. Tawelwch a chyffro.

Weithiau mae'n rhaid cychwyn taith heb wybod yn iawn lle fyddi di'n cyrraedd. Dwyt ti ddim ar dy ben dy hun; mae'r bobl yn y cwch yn bwysig. Rhaid i ti ymddiried yn y bobl hynny, pwy bynnag ydyn nhw. Pan wyt ti'n dysgu dibynnu ar rywun arall, a nhwythau arnat ti, dyna sut mae ymddiriedaeth yn naioni pobl yn cael ei magu.

Mae pob pennod yn y gyfrol hon yn cyfeirio at thema o fyd hwylio. Penodau ar sail fy mhrofiadau i o ddod i delerau efo fy emosiynau ydyn nhw. Dwi'n rhannu hanesion bach sydd wedi arwain at newid yn y ffordd dwi'n gweld fy emosiynau ac at allu edrych yn fwy cadarnhaol ar yr hyn sydd wedi dod i'm rhan.

Ceir ymarferion ar gynffon pob pennod. Mae'r ymarferion hyn wedi gweddnewid fy nghysylltiad efo fi fy hun, a dros amser maen nhw wedi fy ngwneud yn fwy bodlon fy myd. Cofiwch nad oes raid i chi ymdrechu i wneud y tasgau yma o gwbl. Efallai eich bod am ddychmygu eu gwneud nhw; dwi'n reit sicr y cewch chi ryw ddealltwriaeth fach ddefnyddiol, os nad annisgwyl, yn sgil hynny, fydd efallai fymryn yn annifyr a phleserus yr un pryd. Mi allwch chi ddychwelyd at yr ymarferion ar ôl gorffen darllen y llyfr, gan barhau i ymestyn y meddwl a chanfod posibiliadau newydd.

Os gall y llyfr hwn brocio, gwneud i chi ailfeddwl neu ystyried eich gallu i fod yn fwy bodlon, a thrwy hynny wneud eraill yn fwy bodlon, wel, mi fydda i'n ddynes hapusach eto. Er hynny, rhaid cydnabod nad ydi'r llyfr hwn yn cynnig atebion i unrhyw un sydd â chyflyrau afiechyd meddwl. Mae cefnogaeth feddygol wedi bod yn allweddol i mi. Mi fyswn i'n annog unrhyw un sy'n pryderu am eu hiechyd meddwl i estyn am gefnogaeth broffesiynol ac i drafod hynny'n agored heb gywilydd o fath yn y byd. Mae'r newid yn agweddau cymdeithas at iechyd meddwl yn galondid mawr i mi, ond efallai fod ganddon ni fwy o waith i'w wneud yn y Gymraeg.

Cyn i chi droi at y llyfr, mae gen i un cysyniad arall dwi isio'i gyflwyno i chi, sef Myfi. Llais yn fy meddwl ydi hi a dwi wedi bathu enw iddi. Benywaidd ydi traw a natur y llais, ac weithiau mi alla i gamgymryd Myfi am 'myfi'. Mae 'Myfi' yn barod iawn i weld bai tra mae 'myfi' yn dynerach ei hymateb i'r byd.

Drwy ei henwi, mae'n haws i mi wahaniaethu rhwng meddyliau sy'n driw i mi go iawn (myfi) a'r negeseuon negyddol sy'n fy hysbysu o bob canlyniad neu bosibilrwydd catastroffig i'r hyn dwi'n ystyried ei wneud (Myfi). Mae llais Myfi yn glir fel cloch, ond dwi'n deall ei bod ar wahân i mi neu fyswn i ddim yn ei chlywed. Fy ego ydi hi? Efallai. Mae dylanwad Myfi yn gallu bod yn niweidiol a gall roi dŵr oer ar bopeth. Ond, mewn argyfwng go iawn, mae ei rhybuddion hi'n bwysig ac weithiau mi alla i elwa ohonyn nhw.

Dwi wedi dod i sylweddoli nad oes raid i mi wrando a gweithredu'n llythrennol ar yr hyn mae Myfi yn ei ddweud. Mi alla i weithiau roi hawl iddi siarad yn rhydd i gael lleisio'i hofnau yn un chwydfa fawr, a thro arall mae'n rhaid i mi ddweud wrthi'n blaen, 'Stop, Myfi! Dydi hynne ddim yn wir. Diolch i ti am dy rybuddion ond mae gen i ffordd arall o ddelio efo hyn.' Mae siarad efo Myfi yn gwrtais yn fy helpu i'w thawelu.

Dwi'n gobeithio nad ydw i wedi eich dychryn chi nes eich bod chi'n fy niystyru fel dynes ganol oed hollol bananas (neu pa air bynnag fyddwch chi'n ei ddefnyddio i gyfleu ansefydlogrwydd). Ond dwi'n siŵr eich bod chi'n chwilio am fwy o hapusrwydd hefyd neu fyddech chi ddim yn darllen hwn o gwbl. Tasan ni'n bod yn onest, dwi'n meddwl y gallen ni ryddhau lot o boen wrth ddatgelu llif parablus ein meddyliau.

Mae gen i ffydd bod dewis byw drwy fod yn obeithiol a chlên efo'n hunain, er gwaethaf erchyllterau creulondeb o bob math, yn ffordd o ledaenu mwy o bosibiliadau o heddwch i bawb. Tydi hyn ddim yn golygu gorfodi ein hunain i ffalsio hapusrwydd, ond yn hytrach ymddiried ein bod yn gallu dyfalbarhau â charedigrwydd drwy heriau, yn hytrach na bod yn llym efo ni ein hunain a phobl eraill. Rhowch gynnig ar wneud hyn i chi eich hun yn gyntaf. Yn raddol, mi wnaiff pobl eraill ddechrau sylwi ac, yn amlach na pheidio, fe wnân nhw ddechrau efelychu eich ysgafnder chi. Mae'r tamaid lleiaf o hapusrwydd yn cario cariad, ac o fanno fe allwn ni adeiladu byd gwell i bawb.

Ond argol, mi fydd angen lot o fynadd, dyfalbarhad a dychymyg i gychwyn ar y daith yma! Mi fydda i efo chi'n gwmpeini bob cam o'r daith, a phwy a ŵyr pa drysorau y gwnawn ni eu canfod.

Felly, i ffwrdd â ni! Neidiwch ar ddec y cwch codi hwyliau!

Arwyddion cadarnhaol

Dros y blynyddoedd diwethaf, dwi wedi dysgu gofyn am arwyddion i ddangos 'mod i'n dilyn y llwybr 'cywir'. Gofyn i bwy? I'r bydysawd, i rym mwy na fi, *higher power*, Duw (neu dduw efo 'd' fach), cariad, byd natur …?

Mae fy enw i ar y 'grym' yma'n amrywio, ond mae cydnabod nad ydw i'n gwybod y cyfan a 'mod i angen cefnogaeth 'rhywbeth mwy' wrth chwilio am gynhaliaeth ac arweiniad yn gam pwysig i mi. Mi allwch chi ei wneud fel sinig neu â ffydd fod yna gyfathrebu na ellir ei lwyr amgyffred yn digwydd o'n cwmpas ni. Pan dwi'n llawn anobaith, mi fydda i'n ei wneud o ddifrif, ond mi fydd Myfi yn siŵr o ddweud, 'Lol 'di o'.

Tra dwi'n ymddiried yn y negeseuon hyn, dwi hefyd yn deall fod gen i gyfrifoldeb yn y broses o geisio sicrhau fy mod yn fodlon. Mae yna ymadrodd Saesneg, 'Energy flows where your attention goes'. Lle bynnag yr hoeliwch chi eich sylw, boed hynny ar agweddau cadarnhaol neu ar rai negyddol, dyna fydd trywydd eich hwyliau chi. Mae ein Reticular Activating System (RAS) – system yn yr ymennydd sy'n gyfrifol am gyfeirio ein sylw a rheoli pa mor effro ydyn ni – yn chwilio am dystiolaeth o'r hyn rydyn ni'n ei flaenoriaethu. Felly, os mai chwilio am drallod ydyn ni, mi wnaiff yr RAS gyfeirio ein sylw at yr holl bethau sy'n mynd o chwith.

Dwi'n gyfarwydd iawn â'r teimlad o godi'n fore mewn hwyliau gwael, heb reswm clir dros hynny. Wedyn, cyn i mi gyrraedd lawr grisiau, dwi wedi sylwi ar gymylau llwydion, ar strîcs sebon ar ddrws y gawod ac ar rychau dwfn o gwmpas fy llygaid. Mae o fel rhyw drobwll byrlymus yn fy sugno i mewn, a does yna ddim dianc o'r llif meddyliau tywyll.

Ond dwi wedi dysgu mai gorau po gyntaf y sylwa i ar y patrwm yma er mwyn tynnu fy hun ohono. Mi alla i weld y cymylau llwydion a meddwl, 'Ond mae'r tŷ glas dros ffor' i mi yn ddiwrnod braf o haul' bob bore. Dydi'r strîcs sebon yn ddim ond prawf bod Gruff, y mab, wedi molchi'n lân yn y gawod y noson cynt ac mae'r rhychau'n tystio i'r chwerthin dwi wedi'i wneud.

Mwyaf sydyn, dwi'n barod am fy niwrnod efo mwy o ysgafnder, yn teimlo 'mod i'n ffodus fy myd, yn hytrach na *victim*. Pam fyswn i'n dewis dylu pob diwrnod pan mae yna gyfle i weld y disgleirdeb? Wel, achos rydyn ni'n greaduriaid sy'n ffeindio hi'n hawdd mynd i rigol. Mae'r rhigolau yma'n dod o ddilyn patrymau sydd wedi'u sefydlu gan ein teuluoedd a'n cymunedau ehangach, ac yn rhai rydyn ni'n eu meithrin drosom ni ein hunain, er nad ydyn nhw'n gwneud dim lles i ni. Ond, yn y pen draw, mae'n rhaid i ni beidio beio neb a chymryd y cyfrifoldeb dros ddewis sut ydyn ni isio byw.

Ydi, mae o mor syml â hynny! Ac mae hynny'n dod gan rywun sydd wedi straffaglu drwy fywyd am flynyddoedd maith ac sy'n dal i deimlo, yn llawer rhy aml, mor llafurus ydi byw. Mae adweithio'n negyddol at y byd yn ein harwain ni at fyw o bersbectif *survival mode*, lle mae ein hymateb a'n dealltwriaeth ni wedi'u cyfyngu. Mae o'n gysylltiedig â thrawma a gwewyr, a dydw i ddim am eiliad isio dibrisio neu fychanu arwyddocâd yr heriau rydyn ni wedi'u hwynebu. Rydyn ni angen cefnogaeth a chynhaliaeth broffesiynol yn aml i brosesu'r rhain ac mae'n allweddol eu cydnabod yn onest ac yn dyner.

Ond, os ydyn ni wedi penderfynu ymdrechu i fod yn fwy bodlon ein byd, mae'n rhaid i ni wybod bod hynny'n dibynnu ar newid bwriadol ac ymwybodol oddi mewn i ni ein hunain. Yn ei chofiant *The Choice,* mae'r seicolegydd Edith Eger yn disgrifio cael ei gorfodi i ddawnsio o flaen Dr Josef Mengele yn Auschwitz. Roedd ei mam, sydd wedi'i lladd mewn siambr nwy, wedi'i dysgu i gofio mai hi sy'n rheoli ei meddwl ac na all neb gymryd yr hawl hwnnw oddi arni. Yn hytrach na dawnsio i'r meddyg, sy'n arteithio pawb o'i gwmpas, mae hi'n dychmygu ei chariad yno'n ei gwylio. Y dewisiadau hyn sy'n cynnal ei hysbryd er gwaethaf yr erchyllterau.

Fel gydag unrhyw ddechrau newydd, mi fyddwn ni'n siŵr o faglu ac wynebu troeon trwstan wrth gychwyn ar y siwrnai, ond mae ymarfer cydwybodol yn arwain at feistrolaeth yn y pen draw. Dwi'n cofio'n ôl at adroddiadau ysgol efo'r sylw 'Dalier ati', heb ddeall beth yn union oedd yr athrawon yn trio'i ddweud. Oeddwn i ar y trywydd iawn a ddim yn bell o'i gyrraedd, neu oeddwn i'n gwbl anobeithiol? Erbyn heddiw mae 'dalier ati' yn golygu ymddiried y galla i weld drosta i fy hun beth sy'n bwysig, a bod â ffydd ei bod yn bosibl goresgyn yr heriau mwyaf wrth ddyfalbarhau.

Tra oedd rhai athrawon am i ni ddarganfod drosom ein hunain sut i sicrhau llwyddiant drwy hunanddisgyblaeth a phenderfyniad, roedd yna rai eraill oedd yn bodloni ar godi ein hwyliau ar y pryd. Pan oedd Mr Rhys Jones, tad y gantores Caryl Parry Jones, yn ein hel ni am sesiwn ganu yn y neuadd yn Ysgol Maes Garmon, fyddai 'run disgybl yn gallu gwrthod apêl ei gyfeilio syfrdanol. Efo'i *trills* a'i berfformio byrfyfyr ysblennydd, byddai'n ein hargyhoeddi ein bod ni yn

Broadway, ac nid yn llond neuadd o blant yng nghanol cyni Thatcheriaeth. Roedd y *razzmatazz* yn heintus a thrydanol, ac mi ddysgodd ni, heb yngan gair, sut y gall grym cerddoriaeth ein symud i hwyliau gwell ar amrantiad.

O ymlacio a theimlo'n fwy positif, mae'r ymennydd yn lledu ei olygon, yn gallu gweld mwy. Mi allwn ni wedyn fanteisio ar rym creadigrwydd i sbarduno atebion newydd. Mae'r creadigrwydd hwnnw o fewn cyrraedd pawb, nid dim ond artistiaid, cerddorion ac unigolion o fewn y byd celfyddydol. Creadigrwydd sy'n deillio o fod yn fwy chwareus, o ystyried pethau o bersbectif gwahanol, o edrych ar sefyllfaoedd efo brwdfrydedd ac o ddarganfod cysylltiadau annisgwyl. Y rhyfeddod mwyaf ydi fod yna bwysau'n codi, dim ond wrth i ni ystyried gwneud hyn. Mae o fel y cynnwrf sy'n dod o bacio cês i fynd ar wyliau.

Y gyfrinach ydi dechrau ein diwrnod gan gredu ein bod ni'n ffodus, waeth pa mor heriol ydi amgylchiadau ein byw. Mae hyn yn tanio'r RAS i sganio popeth o'n cwmpas i brofi fod hynny'n wir. Mae fel dewis gwisgo sbectol siriol yn lle un dywyll. O wneud hyn, bydd ein profiadau cadarnhaol yn tyfu fel caseg eira.

Hyd yn oed pan nad ydyn ni yn ein hwyliau gorau, mi allwn ni ailadrodd mantras i drio gwella pethau. Nid twyllo ein hunain, ond dylanwadu'n gadarnhaol ar ein meddyliau. Rhai o'r gosodiadau fydda i'n eu hadrodd ydi:

- Bydd heddiw'n ddiwrnod yn llawn cyfleoedd i mi dyfu.
- Dwi'n dewis dilyn llwybr llawenydd.
- Dwi'n ddewr ac yn arwrol.
- Dwi'n annog fy hun i weld y gorau ynof fi fy hun ac ym mhawb arall.

Mi all dweud y rhain deimlo'n chwithig i ddechrau, ond o ddyfalbarhau a'u hymarfer yn feunyddiol, mi allwn ni sylwi ar newid. Trwy ddymuno'r gorau i ni ein hunain yn fwriadol, mi allwn ni ddylanwadu ar y ffordd rydyn ni'n ymateb. Mae fel tasan ni'n magu goddefgarwch a chydymdeimlad atom ein hunain.

Ond waeth i mi fod yn onest ddim, ambell fore mae hyn yn teimlo'n ffals a dwi'n gwrthryfela yn ei erbyn. Yn gysgod drosta i mae yna rywbeth dwi'n poeni amdano ac mae'n fy nallu rhag gweld y gorau ynof fi fy hun.

Dyna pryd dwi'n troi at yr *emergency back-up* go iawn. Dyma'r amser euraid i ofyn am arwyddion gan y bydysawd. Mae rhai'n taeru bod gofyn am arwyddion penodol yn bwysig; mae eraill yn dadlau mai dewis un symbol i ddychwelyd ato sydd orau, ond fy arfer i ydi ei wneud o'n fwy agored. Mi fydda i'n gofyn yn uchel, 'Dangos i mi 'mod i ar y trywydd iawn.' Mi fydda i'n ychwanegu 'plis' ac yn rhoi rhyw air neu ddau o ddiolch am y pethau cadarnhaol sydd gen i yn fy mywyd. Ai gweddïo ydi hyn? Efallai, ond does dim angen ei labelu, dim ond gweithredu.

Ar fy llw, mae yna rywbeth yn tynnu fy sylw, fel arfer mewn mater o funudau. Bydd y rhai mwyaf sinigaidd yn eich mysg yn ei ddifrïo fel 'cyd-ddigwyddiad' neu 'hunan-dwyll', ond os ydi o'n codi eich calon chi, wela i ddim drwg o fath yn y byd ynddo.

Yr un mwyaf arwyddocaol i mi oedd stopio un bore wrth oleuadau traffig wedi gollwng fy mab yn yr ysgol. Er 'mod i wedi gofyn am arwydd ac yn gwneud fy ngorau i fod yn gadarnhaol am y byd, roedd y dagrau'n llifo i lawr fy ngruddiau. Roedd yr hunandosturi, ac nid llawenydd, yn chwyddo ar garlam, ac yna mi sylwes i ar rif y car o fy mlaen i. Ar fy marw, 'DI OFN' oedd *number plate* y car! Mi ddechreuais i chwerthin yn uchel a thyrchu ym mhoced fy nghôt am fy ffôn i dynnu llun. Roeddwn i angen tystiolaeth i gofio hyn. Mi ges i fy llun, a weles i erioed mo'r car hwnnw wedyn.

Ychydig fisoedd yn ôl, cefais gyfarfod efo Lowri Hedd, sgwennwr a hwylusydd cymunedol GwyrddNi, mewn caffi ym Mhorthaethwy ac roedden ni'n siarad ac yn trafod pethau dwfn a mawr yn syth. Fe gafodd yna bethau annisgwyl eu rhyddhau ac fe awgrymodd Lowri, 'Beth am i ni fynd i weld be sy gan y dŵr i' ddeud?'

Mwyaf sydyn, fe gododd y pwysau oddi ar fy ysgwyddau ac roedden ni wedi cyrraedd Porth y Wrach heb unrhyw drafodaeth mai fanno fyddai'r man i sgwrsio efo'r Fenai. Wrth sôn am heriau sgwennu a chyrraedd targedau, daeth glesni i lenwi'r awyr, ac wrth i ni syllu'n ôl ar y dŵr, dyma ni'n sylwi ar ddeilen derwen. Fe wnaeth hi arnofio yn union at droed Lowri, ac wedi iddi ei chodi'n ofalus dyma hi'n diolch iddi. Neges oedd hon i amlygu nad oes prinder syniadau na geiriau; daw toreth o brofiadau y gallwn dynnu arnyn nhw wrth graffu ar y byd o'n cwmpas.

Ac yna ddoe, daeth neges gan fy nhad i ddweud bod Mam yn yr ysbyty ar ôl bod yn dioddef o boenau mawr yn ei brest. Mae brest Mam wedi bod yn wael ers iddi fod yn blentyn, ond y tro hwn roedd y boen yn wahanol. Erbyn i mi gyrraedd yr adran argyfwng, roedd hi ar gadair yn gwegian yn ei hanner, yn methu siarad o achos y boen.

Roedd y coridor lle mae'r cleifion yn cael triniaeth yn orlawn – pob ystafell yn llawn dop a 'run gwely yn rhydd mewn unrhyw ward. O gyfeiriad yr ystafelloedd trin plant, deuai crio uchel plentyn ifanc mewn poen. Trafodai'r staff nad oedd y *sedation* yn gweithio a bod hynny'n drawmatig i'r rhieni a phawb oedd yn ei drin.

Cafodd Mam forffin i leddfu ei phoen, ac yn ara bach, fe ymlaciodd. Fe roddodd ei llaw ar fy un i a dweud y gallwn i fynd adref. Aeth yr ystum gofalgar a mamol hwn at fy nghalon – mae yna dynerwch yng nghanol dioddefaint o hyd.

Wrth y ddesg roedd nyrs yn estyn paced o felysion ac yn eu rhannu; roedd yna ysgafnhau yn eu mysg nhw hefyd. Roedd yna feddyg yn sgwrsio dros y ffôn am un o'r cleifion a'r unig eiriau wnes i eu bachu oedd, 'Yes, there are clear signs of excess alcohol in his results …' Arwydd arall wedi dod i ddangos 'mod i wedi gwella ac y galla i fod yn gefn i fy rhieni yn hytrach na pheri gofid iddyn nhw. Diolchais o waelod calon am fy sobrwydd a phopeth sy'n dod o ganlyniad i hynny. Gadewais Mam gan wybod y byddwn i'n cadw at fy ngair i ddychwelyd yn y bore.

Wedi i mi ddod adref, roedd Gruff yn ysu i osod y goeden Dolig; mae'r hen goeden blastig yn dal i fynd ac ar ei thrydydd Gwyliau ar ddeg. Tra oeddwn i'n paratoi swper, roedd o'n datod y goleuadau ac yn addurno. Es i fwrw golwg dros ei waith gan sylwi fod yna rai addurniadau heb eu gosod. Yn eu mysg roedd cylch bywyd coch a gwyn wedi'i wau. Mi brynais i hwn y llynedd mewn ffair grefftau yng Nghaernarfon. Wn i ddim pam ddewisais i o achos doedd yna ddim byd Nadoligaidd amdano mewn gwirionedd, ond mi apeliodd ata i ac mi ddilynais fy ngreddf.

Bythefnos yn ôl, derbyniais ddrafft o glawr y llyfr hwn gan Dafydd Owain. Ar ei flaen roedd cylch bywyd ar gefndir melyn llachar. Roedd y ddelwedd yn gweddu'n berffaith, yn fy atgoffa ein bod ni i gyd angen help weithiau i gadw ein pen uwchben y dŵr.

Gwenais ar yr addurn ac yna'i osod ar ganol y goeden, gan ddeall mai arwydd oedd hwn fod popeth yn y byd yn union fel y mae i fod.

Gofynnwch am arwydd, chwiliwch amdano, gan wybod y gall drawsnewid eich golwg o'r byd.

Ymarfer: Darganfod arwydd cadarnhaol gan y môr

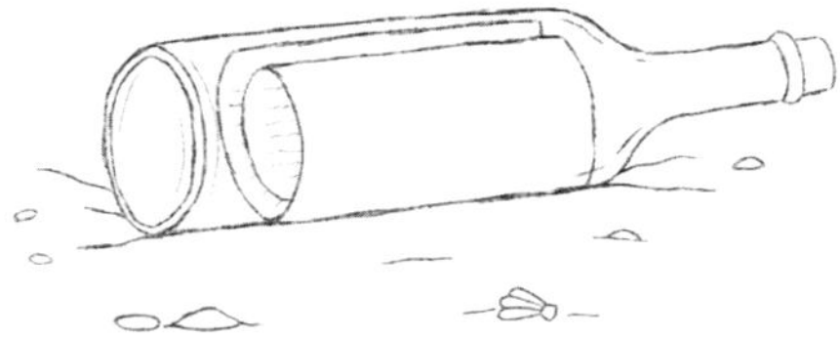

- Ystyriwch eich bod yn derbyn neges gan y môr ar ffurf papur mewn potel. Mae'r neges hon yn rhoi cyngor sut i fyw bywyd llawn a da. Os ydych chi'n cael trafferth dychmygu'r neges, meddyliwch am unigolyn rydych chi'n ei adnabod sy'n byw yn fodlon. Beth fyddai cyngor y person hwn i chi?
- Eisteddwch yn dawel, efo'ch llygaid ar gau, nes y byddwch chi'n teimlo bod y neges wedi'ch cyrraedd. Rhaid i chi ymddiried y daw'r union neges rydych chi ei hangen.
- Ewch ati i ysgrifennu'r neges tan fydd yna ddim ar ôl i'w ddweud. Ysgrifennwch y neges yn ofalus isod, gan ddathlu eich gallu i ganfod ysbrydoliaeth.

Gwydnwch

Mae Gruff yn gweld y gorau ymhob sefyllfa. Gall ollwng unrhyw deimlad 'annifyr' a throi at ysgafnder heb drafferth. Pan fo ffrae wedi codi rhyngon ni, bydd yn cynnig ymddiheuriad neu goflaid o fewn chwinciad chwannen, ac mae unrhyw ddrwgdeimlad yn diflannu ar ei union. Mae'n barod i syrthio ar ei fai neu amlygu fy rôl i o fewn gwrthdaro, ac yn amlach na pheidio mae'n berffaith iawn. Dwi'n rhyfeddu at ei allu i ddilyn y trywydd hwn ac yn trio dysgu oddi wrtho.

A finnau wedi'i gael pan oeddwn i'n 45 oed, heb driniaeth feddygol o fath yn y byd, dwi'n ystyried fod yna elfen wyrthiol wedi bod o'i gwmpas ers y cychwyn. Dwi'n cyfri fy mendithion ei fod wedi cyrraedd yn iach ac mor llawen ei natur. Ers imi ei weld am y tro cyntaf erioed, mi synhwyrais mai fo fyddai fy athro gorau ar sut i fyw yn dda ac yn fodlon fy myd.

Pan dwi'n arthio ar bawb a phopeth, yn trio cael trefn ar y tŷ, mae yna 'Ti'n iawn, Mam?' tawel yn dod i fy sobri. Mae hynny'n ddigon i ddod â fi at fy nghoed fel arfer a chofio beth sy'n bwysig go iawn.

Pan oedd ei dad mewn gwewyr iechyd meddwl yn ddiweddar, yn gadael cartref ac yn fregus, gallai Gruff weld heibio'r salwch a dal gafael ar y ffaith y byddai cyfnod gwell yn dod. Pan nad oeddwn i'n gallu synhwyro hynny, er gwaethaf y gwahanu a'r gofid, dod yn ôl at y stori fwy yr oedd Gruff, 'Mae Dad yn dal i garu chdi yn 'i galon sdi, Mam.'

Roedd hyn yn fy llorio, ac eto, roeddwn i isio protestio nad oeddwn i'n teimlo dim o hynny. Ond Gruff oedd y mwyaf craff, yn deall y gwirionedd tu hwnt i'r llanast. Roedd o'n fy atgoffa i beidio dehongli'r boen fel rhywbeth fyddai'n para am byth ac i ddal gafael ar fy ngwydnwch. Cadw fy nghalon yn agored oedd ei gyfarwyddyd, hyd yn oed yn yr eiliadau anoddaf, ac ymddiried y byddai esmwythyd emosiynol yn dod efo amser.

Roedd o'n ymwybodol o freuder ei dad a byddai'n lleisio'i gariad gloyw tuag ato. Mae cariad Huw at Gruff wedi bod yn amlwg o'r cychwyn cyntaf. Fuodd 'na erioed dad mwy balch o'i blentyn. Er fy nhristwch fy hun, mi oeddwn i'n gallu tyngu ar fy llw na fyddai ein cariad at ein mab byth yn pylu, a'i ateb parod oedd, 'Dwi'n gwbo', sdi! Ga' i *fudge* o'r drôr?' A dyna fo eto'n dewis ysgafnhau gofidiau â'r doethineb hyfryd sydd mewn plant, dim ond iddyn nhw gael sicrwydd fod yna gefnogaeth dawel a sefydlogrwydd ar eu cyfer.

Beth bynnag ydi ffurf ein huned deuluol ni, dwi isio i Gruff wybod bod yna gynhaliaeth a chariad er gwaethaf popeth, a bod iechyd meddwl yn effeithio ar bob unigolyn yn y byd ar ryw gyfnod yn eu bywydau. Dwi'n ailadrodd hyn fel mantra i mi fy hun rhag i mi orfod ymgodymu â syniadau cas gan Myfi, a dewis bod yn dynerach yn fy nehongliad o'r sefyllfa.

Dwi wedi gweld briwiau ysgariad ar fy merched a dwi isio lleihau'r niwed i Gruff bach cymaint â phosib. Hynny, yn hytrach na fy mhoendod personol, sy'n bwysig drwy bopeth, ond dydw i ddim isio cuddio fy ngwewyr fy hun yn llwyr chwaith. Mi ydw i'n crio'n agored ac mae Gruff yn closio ata i heb ddweud gair, yn gwybod mai llacio a rhyddhau'r tristwch ydi hynny. I Gruff, da-das ydi'r ateb cyntaf, a dwi'n ei atgoffa nad oes dim o'r byd allanol yn llenwi twll emosiynol ond, yn amlach na pheidio, mae Haribo neu ddau yn helpu!

Dwi'n trio craffu mwy ar Gruff ac astudio sut yn union mae o'n dal i fod mor siriol. Dwi'n ymwybodol iawn fod cysondeb trefn a phatrymau beunyddiol yn rhoi cysur mawr iddo, fel finnau. Mae'n mwynhau estyn ei ddillad y noson cynt, holi am drefniadau'r wythnos i ddod a gwybod fod yna frecwast o ffrwythau lliwgar yn disgwyl amdano efo'r bali iPad yn y bore.

Er cymaint dwi'n casáu sŵn cyflwynwyr ar *reels* YouTube, mae Gruff yn mynnu eu gwylio efo'i frecwast. Dwi hefyd yn sylweddoli ei fod yn mwynhau ei lonydd cyn rhuthr hel pethau a theithio am yr ysgol. Pan fyddwn ni'n cydfwyta ar adegau eraill, chaiff yr iPad ddim dod yn agos at y bwrdd, ond mae'r trefniant brecwast yn gyfaddawd rhyngom ni.

Bob tro fyddwn ni'n teithio yn y car, mi fydd yna ddefod arall yn dechrau. Mae Gruff yn agor ei law i 'nghyfeiriad a dwi innau'n gwneud ati i beidio deall. Trwy wên, mi fydd yna gais am fy ffôn i ddewis cerddoriaeth i osod awyrgylch braf. Mae 'Dau Funud' Malan yn ddewis cyson ar hyn o bryd ac mae o'n morio canu'n braf, sydd wastad yn llonni fy nghalon. Weithiau mae yna draciau o *chants* pêl-droed diflas yn cael eu chwarae, ac mae o'n chwerthin lond ei fol wrth i mi brotestio gan ateb, 'Ond dwi'n licio nhw, Mam!'

A dwi'n clywed atseinio Erin, fy merch hynaf, yn fy mhen, 'Ma Gruff yn *spoil*t.' Efallai ei fod o, ond mae o wastad yn ystyriol o deimladau pobl eraill, yn blant ac oedolion. Mi aiff y filltir ychwanegol i gynnwys pawb; chaiff neb ei eithrio, boed hynny mewn parti plant neu wrth chwarae'n rhydd yn y parc. Mae o'n reddfol isio i bawb deimlo'u bod nhw'n cyfri.

Yn ddiweddar, mae Gruff wedi cael cynnig cychwyn cerdded adref o'r ysgol ei hun, ac mae'n derbyn hynny efo awch i brofi camau at annibyniaeth. Gall dreulio hanner awr ei hun wedi cyrraedd adref, ond pan fo raid i mi aros dros nos efo'r gwaith, caiff fynd at Mared, fy merch ieuengaf, a'i phartner, Rhun, i aros. Mae cerdded adref yno'n syth o'r ysgol efo ffrindiau yn antur, a chaiff ei siarsio i wneud hynny'n ddistaw, heb darfu ar ei chwaer, sy'n dal i weithio. Mae yna hen edrych ymlaen at gael treulio'i noson gyntaf yn eu cartref, ond mae Mared yn clywed lleisiau'n crwydro o gwmpas y tŷ wrth i ffrind Gruff, Bleddyn, y mae ei nain yn byw drws nesaf, ddod i fusnesu. Chaiff o ddim *row* a dwi'n gwybod fod Mared yn ymfalchïo yn ei awydd i ddangos y tŷ, er gwaethaf amodau'r cytundeb.

Y noson honno, mae llun o Gruff yn fy nghyrraedd – yn gwenu a'i ben am yn ôl yn chwerthin a *pizza* enfawr o'i flaen. Dwi'n gwybod mai Rhun sydd wrth wraidd y direidi a bod yr arhosiad yn plesio'r ddau fawr yn gymaint â'r bychan.

Y bore canlynol, dwi'n cael neges gan Gruff i ddweud ei fod wedi cael y noson orau o gwsg erioed efo cynfasau tedi, a dwi'n cael cais am rai i'w lofft ei hun. Mae geiriau Erin yn adleisio eto, a chyn diwedd y dydd mae archeb wedi'i gwneud.

Roeddwn yn ofni y byddai Gruff yn hiraethu amdana i ond mae o'n byw yn ei bresennol. Does dim raid i mi boeni bod ei rieni'n gwahanu yn ei lethu'n ormodol; mae bywyd yn bwrw yn ei flaen yn hapus iddo. Fi, yr oedolyn, sydd angen dysgu ganddo.

*

Trwy'r cyfnod hwn o newid, mae negeseuon cyson yn dod gan Erin yn ein gwahodd draw. Mae hi'n deall 'mod i'n agos iawn at ddibyn iselder, ond mae hithau'n gwybod nad trafod ond bod yng nghanol pobl, ac yn arbennig plant, ydi'r ffisig gorau. Mae Mari a Gwawr, plant ei chefnder, yno ynghyd â'u nain a'u taid, a does dim raid i mi feddwl ddwywaith cyn derbyn y cynnig.

Er bod Gruff wastad isio mynd yn y car ar y siwrnai fer yno, dwi'n gwybod mor llesol ydi awyr iach i'r ddau ohonon ni. Dydi Gruff ddim yn stopio parablu a sylwi ar bethau o'i gwmpas, a dwi'n teimlo fy hwyliau'n codi.

Wrth gerdded draw i gartref Erin a'i dyweddi, Gwion, rydyn ni'n pasio drwy'r *subway* pan ddaw chwerthin plant ifanc a'u tad yn dynwared synau angenfilod dychrynllyd. Mae'r plant yn llawn asbri ac yn rhuthro yn eu blaenau, ac mae Gruff yn dweud, 'Ma hynna'n un ffordd o gyrradd adra'n gynt!' Dwi'n edmygu ei ddewis yn bachu ar lawenydd o'i gwmpas yn hytrach na sylwi, fel ydw i, ar sbwriel a baw cŵn.

Yng nghartref Erin mae yna chwerthin lond y lle. Mae Gruff yn gwrtais fel arfer a dwi mor falch ohono fo'n fonheddig o'i gorun i'w sawdl. Mae Gwion ac Erin yn cymryd archebion am baneidiau, a bisgedi a siocled yn cael eu cynnig i'r plant – y ddau'n trysori cariad teulu, a dwi'n dymuno yn ddistaw bach y cân' nhwythau eu bendithio â phlant ryw ddiwrnod.

Dwi'n troi i weld Gruff yn chwerthin lond ei fol ar hwyl Mari fach, sydd wedi gwisgo dillad a sodlau pinc Erin. Mae hi ar ben ei digon yn cario *handbag* sgleiniog ym mhlygiad ei braich a nifer o fandiau gwallt wedi'u pentyrru ar ei phen. Mae Gruff yn chwarae efo hi heb chwithdod a dwi'n taer obeithio na chollith o hyn yn ei arddegau.

Rydyn ni i gyd yn chwerthin ac yn hel atgofion rownd y bwrdd dros baned a mins peis – y teulu yma oedd wedi'u heffeithio gan fy ysgariad â thad fy merched. Ond dwi'n dal i deimlo'n glòs tuag atyn nhw ac mae yna bres yn cael ei basio'n ddistaw bach at Gruff. Er nad oes unrhyw berthynas waed rhyngddo fo a phawb arall, ac eithrio Erin a finnau, dim ond cariad sydd yna, heb ôl unrhyw chwerwder. Dwi'n diolch am ddoethineb unigolion a theulu sy'n byw drwy egwyddor eu calonnau.

Ar ein ffordd yn ôl, dwi'n sylwi ein bod ni wedi aros mwy na'r hyn a fwriadwyd, a bod angen brysio i fynd â Caio'r ci am dro. Mae Gruff yn holi yn llawn direidi, 'Tisio fi neud sŵn monstyrs i chdi fynd yn ffast fyny'r allt?'

*

Mae hi'n noson o bêl-droed – Cymru yn erbyn Gogledd Macedonia – a dwi'n mynnu bod Gruff yn darllen yn ddeddfol ar y noson hon hefyd. Mae o'n taro bargen efo fi i ddarllen tudalen am yn ail, yn hytrach na darllen yn ddistaw fel y bydd fel arfer.

Rydyn ni'n agor llyfr Saesneg sy'n llawn hiwmor, ond fy ngor-ynganu a'r lliwio ar y ddeialog sy'n ticlo Gruff. Dydi o'n dweud dim, tan iddo gychwyn ar y dudalen sy'n dilyn a fy nynwared i'n dwll. Alla i ddim peidio chwerthin oherwydd mae yna wirionedd yn ei ddynwarediad. Dydi o ddim yn medru para heb ymgolli mewn chwerthin heintus ac mae'r ddau ohonon ni'n wan efo'r hwyl. Alla i ddim cofio pryd wnes i chwerthin mor rhydd â hyn, nes bod fy mol i'n brifo. Mae rhaid i mi frysio am y tŷ bach cyn iddi fynd yn flêr ac mae Gruff yn parhau i ddarllen yn ddistaw.

Alla i ddim bod yn siŵr ei fod o wedi cwblhau'r deg tudalen ddisgwyliedig, ond mae o'n cofnodi'n hyderus yn ei ffeil ysgol. Mae o'n galw am fowlen o ffrwythau cyn y gêm a dwi'n rhoi pum mefusen goch am y goliau dwi'n eu disgwyl gan Gymru. Mae o a'i ffrind Caio wedi darogan mai 2–1 fydd y sgôr, ond dwi'n trio bachu ar bositifrwydd cynhenid Gruff a darogan mwy o lwyddiant. Mae o'n chwerthin ac yn mwmian rhywbeth am rinweddau'r tîm arall ac nad ydw i'n deall yr her sydd o'u blaenau nhw.

Wrth i'r ddau dîm ddod ar y maes, mae o'n gwirioni ar y masgots ifanc sy'n cael eu tywys gan y chwaraewyr, 'Yli ciwt 'dyn nhw, Mam!' A dwi'n meddwl yr un peth yn union amdano fo.

Dwi'n clywed anogaeth sy'n adlais o'i hyfforddwyr o dîm Segontiwm. Mae o'n gweiddi at y sgrin a dwi'n trio'i gael i dawelu. 'Ella wnawn nhw glywad fi!' ateba'n gellweirus. Ond dwi'n gwybod mai dim ond fy nghymdogion fydd yn clywed. Maen nhw'n rhieni i Colin, hyfforddwr heb ei ail Segontiwm, ac mi fyddan nhwythau'n ymgolli yn y gêm. Mae'r 'Chwarae hi fyny … gw on … gw on' yn cynyddu'n sgrechian, ond waeth i mi heb â dweud dim achos mae fy anogaeth innau'r un mor frwd erbyn hyn.

Mae'r goliau'n dod o fewn dim a llawenydd Gruff yn fwy nag erioed. Mae o'n canmol fy theori mefus ac rydyn ni'n chwerthin. Dwi'n gwybod y bydd ei dad yn hiraethu am gael tystio i hyn, ond wrth ei weld o'n ymgolli yn y gêm dwi'n sylweddoli nad oes angen i ni fel oedolion gymhlethu pethau a lleihau gallu ein mab i fyw o'i galon. Mae o'n wydn ac mi ddaw drwy bob her efo meistrolaeth well ar fywyd na'i rieni.

Mae o'n mynnu 'mod i'n stopio tsiecio fy ffôn am 'e-byst gwaith' ac yn canolbwyntio ar gefnogi ein gwlad, a dwi'n cael gwers arall ar fod yn bresennol. Dwi wedi sylwi bod y sgrolio ffôn yn llawer mwy amlwg wedi cyfnod o straen yn ddiweddar am mai trio dianc o brysurdeb fy meddwl ydw i. Er 'mod i am i Gruff barchu mai fi ydi'r oedolyn sy'n gosod ffiniau, dwi hefyd am warchod yr hawl iddo leisio pryderon ac anfodlonrwydd am fy ymddygiad i. Dwn 'im ai fy sobrwydd oddi wrth alcohol neu fy sobrwydd emosiynol sy'n fy ngwneud i mor ymwybodol o allu plant i sylwi ar yr hyn sy'n bwysig.

Dwi'n trio byw yn effro i oblygiadau fy mhenderfyniadau ac, yn bwysicach, fy ymddygiad o ddydd i ddydd, ac mae Gruff yn oruchwyliwr heb ei ail yn y dasg hon. Yn bwysicach fyth, mae o'n gwybod sut i ysgafnhau fy meddyliau a fy neffro i ffeindio'r hwyl mewn bywyd.

Y noson honno, wrth lapio'r flanced yn dynn amdano dros y dwfe, dwi'n teimlo'i heddwch o'n donnau o 'nghwmpas. Mae yna rannu geiriau o gariad, a chyn i mi gau'r drws dwi'n gwybod y bydd ei fodlonrwydd o wedi'i suo i gwsg braf. 'Sut fues i mor lwcus?' dwi'n sibrwd wrth gamu i lawr y grisiau, a dwi'n paratoi llond powlenniad o fefus yn frecwast iddo at y bore.

Rhai diwrnodau yn ddiweddarach, mae yna neges yn cyrraedd gan ffrind efo fideo o Gôr Ieuenctid Môn yn canu yn yr Albert Hall. Hwn ydi'r côr sydd wedi bod yn hafan i Gruff ers iddo ymuno efo nhw yn wyth oed. Dyma'i ymweliad cyntaf â Llundain ac mae ei dad wedi mopio o gael mynd â fo yno efo ffrindiau a rhieni eraill. Dwi'n derbyn lluniau ohonyn nhw ar yr Underground ac ar reids ffair yn y Winter Wonderland. Mae'n wên o glust i glust ymhob llun.

Yn y fideo mae yna dros fil o blant yn ymarfer 'When I grow up' o sioe *Matilda*. Dwi'n gwybod y bydd Gruff yn ei elfen yn eu canol yn morio canu, a dwi'n gobeithio na fydd prifio a thyfu'n oedolyn yn ei rwystro rhag byw yn ôl doethineb ei galon.

Mae o'n wydn ac er ei fod yn cydymdeimlo ac yn teimlo poen eraill i'r byw, mae o'n llwyddo i aros yn sefydlog a sionc drwy'r cyfan. Fo ydi capten fy nghwch codi hwyliau. Mae o wedi fy nysgu i blygu i mewn i wynt gwell: gwynt o gyfeiriad llawenydd, nid gwynt croes ac anodd ei ddirnad. Mae o wedi rhoi nerth y 'gw on' i mi frwydro drwy wynt cythryblus i gyrraedd y traeth cysgodol. Dyma wydnwch sy'n talu ar ei ganfed.

Ymarfer: Adnabod ein gwydnwch

- Eisteddwch yn llonydd a chau eich llygaid am ychydig gan anadlu'n araf drwy eich trwyn, dal eich anadl am rai eiliadau, yna'i ollwng allan yn araf drwy'ch ceg.
- Meddyliwch am sefyllfa lle rydych chi wedi profi eich gallu i ddarganfod gwydnwch.
- Sut wnaethoch chi ddal ati drwy her pan fyddai ildio, yn hytrach na pharhau hyd at ddatrysiad, wedi bod yn 'haws'? Nodwch eich ateb isod.
- Pwy fodelodd wydnwch i chi a sut wnaethoch chi ei fagu? Nodwch eich ateb isod.
- Dychmygwch fod gwydnwch fel agor hwyl i dderbyn pob gronyn o wynt i'ch gyrru yn eich blaen. Mae'r weithred o agor yr hwyl yn un ddewr ac efallai mai troi fydd y cwch yn y diwedd, ond gallwch ymfalchïo yn eich ymdrech gan wybod eich bod wedi dyfalbarhau hyd eithaf eich gallu.

Cynllunio llawenydd

Mae gen i ystafell folchi sy'n codi cywilydd arna i. Dydw i ddim yn credu mewn cywilydd a dwi'n trio ymgyrchu'n frwd dros ei ddisodli ymhob sefyllfa, ond mae treulio unrhyw amser yn yr ystafell yn gwneud i mi deimlo'n ddigalon.

Pam 'mod i'n gadael i'r ystafell ddylanwadu arna i mewn ffordd mor negyddol? Pam na alla i resymu'n gall? Dim ond rhywle i mi wagio fy nghorff o wastraff ac ymolchi ydi o, a dyna ni. Dwi'n deall y gwna i ei thaclo hi pan fydd yr amser yn iawn, felly pam ydw i'n dal i roi barn ar yr ystafell ac arnaf fy hun wrth gamu i mewn iddi, sawl gwaith y diwrnod?

Ond mae fy agwedd at fy ystafell folchi yn debyg iawn i'r ffordd dwi'n gweld hapusrwydd. Mi all y tŷ cyfan fod yn ddigon o sioe, ond mae fy ffocws wastad yn cael ei dynnu at y pethau rong. Alla i ddim gollwng gafael arnyn nhw. Maen nhw'n tyfu fel y llwydni ar y *grout* yn y gawod, yn ddüwch parhaus dros y pethau braf.

Dwi wedi trio sbriwsio'r ystafell droeon yn hytrach na buddsoddi'n iawn i'w hail-wneud, rhyw 'hanner job', fel fyddai Mam yn ei ddweud, yn hytrach na 'job iawn'. Ond mae gwyliau, neu wariant ar gar, neu fyrdd o gostau eraill bywyd wedi golygu nad ydw i wedi gallu rhoi blaenoriaeth iddi.

Pan oedd y panel ar ochr y bàth wedi tolcio a dechrau agor, mi wnes i ei dynnu'n ofalus ac ychwanegu cyrten oedd yn glytwaith o ddefnyddiau del. Go iawn, mae o'n ddelach nag mae'n swnio ac mae o'n ddefnydd Vanessa Arbuthnott ges i ar eBay, yn las hyfryd, brown a hufen. Ond y drwg ydi fod y weiren sy'n dal y cyrten yn rhy hir, ac felly mae hi'n gwegian yn y canol nes bod gwaelod y bàth yn dangos.

Gwyn ydi'r bàth, y toilet, y sinc a'r teils, felly mi feddylies y byddai lliw yn sbriwsio'r ystafell. Ond roedd y lliw London Stone braidd yn rhy frown, a dwi wedi mynd dros yr ymyl at y nenfwd gan 'mod i heb fod yn ddigon gofalus i osod tâp. Yn hytrach nag ailddechrau, dwi wedi gadael y wal yn frown a mynd ati wedyn i beintio'r drws yn goch tywyll cyfoethog i dynnu sylw oddi ar y blerwch.

Er bod y coch yn hyfryd, wnes i ddim sandio'r paent blaenorol, na rhoi *basecoat* cyn yr *eggshell*. Ac oherwydd hynny dydi'r paent ddim wedi glynu'n berffaith, ac ar ymyl y drws mae yna dameidiau gwyn yn dod i'r golwg. Wrth gwrs, dwi'n sylwi ar hyn bob tro y bydda i'n cau ac yn agor y drws, ond mae yna afael ar y coch sy'n llwyddo i gadw gwên ac mae yna dri cherdyn post yn gorffwys ar silff. Er nad ydyn nhw wedi'u fframio, ac felly wedi plygu efo stêm yr ystafell, maen nhw'n ddel.

Mae'r un cyntaf gan fy ffrind Beth yn ddelwedd o ddynes gan yr arlunydd Edward Hopper, 'Haul y Bore'. Mae'r ddynes i'w gweld yn aros yn ddisgwylgar am yr hyn sydd gan y diwrnod i'w gynnig. Mi fues i a Gruff yn ail-greu peintiadau dros gyfnod y clo, ac mi oedd hwn yn un o'r lluniau hynny. Fe ddewison ni hwn am ei fod yn reit syml ar yr olwg gyntaf, ond o graffu roedd yna fwy yn dod i'r wyneb o hyd.

Mae gwraig Hopper, sy'n fodel yn y llun, yn eistedd ar wely moel mewn coban ac mae yna deimlad o dristwch, ond pan oedd Gruff a minnau'n ei ail-greu, doedd dim ond hwyl a chyffro. Mi wisgais i bais oedd y peth agosaf at y goban, ac eistedd ar wely yn syllu allan drwy'r ffenest tra oedd Gruff yn fy nghyfarwyddo, i'w gael mor agos i'r llun â phosib. Roedd ei fanylder yn anhygoel – yn gorchymyn i mi symud fy llaw, codi fy mhen a newid fy *ponytail* i fod yn is. Rhannu dros blatfformau digidol wnaethon ni a hynny'n cychwyn mwy o ddynwared lluniau ymysg ffrindiau. Mi fydden ni wedyn yn pori drwy ddelweddau mewn llyfrau yn chwilio am her newydd i'w hail-greu, ac mi bostiodd Beth gerdyn post o 'Haul y Bore' wedi gweld ein dynwarediad ni.

Mae gan Beth ateb i bob problem, boed yn ymarferol neu'n emosiynol, ac mae hi'n graig i mi a llawer un arall. Er ei bywyd prysur, mae hi'n gwneud amser i gysylltu ac mae cael ei llawysgrifen yn agos ata i'n fy atgoffa o bwysigrwydd positifrwydd. Mae Rob, ei gŵr, yn dynnwr coes heb ei ail, ac wrth imi sôn am ysgrifennu'r gyfrol hon, mi gynigiodd ei 'berl' ei hun i gael ei chynnwys: 'Peth cynta fi'n neud bob bore yw gwenu; then, it's over and done with for the day.' Er ei smalio bod bywyd yn anodd, does yna ddim byd ond cariad yn pefrio ohono a'i falchder yn ei wraig a'i feibion annwyl.

Delwedd haniaethol hardd o'r môr ges i wrth dderbyn archeb Vinted gan rywun o Gernyw ydi'r ail gerdyn post. Roedd yr haelioni yma'n gwbl annisgwyl ac yn teimlo'n arwyddocaol rywsut. Darlun o'r môr ar anterth storm ydi o, ond mae yna ddigon o felyn y traeth ynddo i f'atgoffa o'r llonyddwch ddaw yn y diwedd.

Y trydydd cerdyn post ydi wyneb tyner Pyramus John gan yr artist Augutus John. Mae ei wallt modrwyog yn dal diniweidrwydd plentyn, ond yr hyn dwi'n hoffi yn fwy na dim ydi nad oes yna wên i blesio oedolion. Mae o'n berwi efo drygioni, sy'n rhywbeth dwi'n ei edmygu mewn plant.

Wrth y cardiau post mae'r gornel sy'n gwneud i mi wingo fwyaf, y gawod. Ond o leiaf fydda i ddim yn gwastraffu dŵr ynddi wrth folchi, achos dwi'n ysu i'w gadael. Dwi'n neidio i mewn, golchi fy ngwallt a dod allan heb agor fy llygaid. Dwi'n tynnu unrhyw ddŵr sydd ynddi ar ôl gorffen efo *squeegee*, sy'n rhoi rhyw deimlad bach 'mod i'n gneud ymdrech i gadw'r lle rhag dirywio mwy.

Pan ges i fynd i weld ystafell folchi newydd Non Eluned, fy ffrind, mi benderfynais mai digon oedd digon. Mi fyddai pres 'rhag ofn' yn cael ei wario ar ystafell dwyn hapusrwydd y tŷ. Roedd Non yn cydnabod bod yr ystafell wedi golygu gwariant mwy na'r disgwyl, ond roedd hithau'n gallu rhesymu y byddai'r buddsoddiad yn un gwerth chweil.

Mae Non wastad yn gwybod beth sydd angen ei ddweud ac mae hi'n gwneud hynny efo gwên a chynhesrwydd. Does yna fawr o ddim yn ei thaflu hi ac mae hi'n gweld y gorau ym mhawb – ddim mewn ffordd hunangyfiawn, ond mewn ffordd sy'n gwybod fod chwerthin a chael hwyl yn llawer gwell ffordd o fyw na chwyno, swnian a chwerwi.

Roedd Non wedi archebu pob elfen o'r ystafell ei hun, a gan ei bod hi'n *dab hand* ar *spreadsheets* wrth ei gwaith (a does gen i ddim cywilydd cyfaddef bod y gair hyd yn oed yn rhoi tro yn fy mol), mae bod yn drefnus a chadw llygad ar wariant yn dod yn hawdd iddi. Roedd hyn yn teimlo fel gormod o gambl i'w roi arna i fy hun. Dyma fi'n stopio'r meddyliau yma ar ôl mynd adref ac ystyried pam 'mod i'n siarad mor negyddol amdana i fy hun. Neu pam 'mod i ddim yn herio Myfi i stopio 'ngwneud i'n llai o berson nag ydw i? Ydw i'n defnyddio *spreadsheets* i wneud cofnod o fy incwm fel artist llawrydd a chostau? YDW! Ydw i'n haeddu ystafell folchi sy'n foethus a braf fel un Non? YDW! Ydw i yn fy nghalon yn meddwl bod hyn yn beth iawn i'w neud? YDW … jyst iawn.

Neidiais i fyny'r grisiau, agor drws yr ystafell folchi a sbio i mewn i'r drych yn benderfynol: 'Dwi am drawsnewid fama a fy hawl i hapusrwydd drwy roi'r gorau i fychanu fy hun!'

Roedd Myfi yn barod ar ei hunion i ateb, 'Cyn iti ddechrau, Myfi, efo "Ond be am …", dwi'n mynd i fwynhau neud y bathrwm a bob dim arall dwi'n gorfod 'i neud mewn bywyd. Achos dwi 'di laru ar fod yn *miserable*!'

Efallai fod hyn yn swnio'n ddramatig, ond ers i fy mhartner adael y cartref, mae fy ngorbryder wedi bod yn fy neffro ganol nos efo 'nghalon yn curo, wedi drysu lle ydw i. A'r munud dwi'n sylweddoli 'mod i'n saff, mae llais Myfi yn adleisio lleisiau negyddol eraill o 'nghwmpas: 'Be ti 'di neud efo dy fywyd go iawn heblaw coc-yps? Ti 'di ysgaru a 'di methu bod yna yn fam iawn i dy ferched yn niwedd eu harddegau a rŵan ti'm yn cael treulio dy holl amser efo dy fab chwaith! Gei di byth bartner fydd yn gallu dy ddiodde di!'

Dwi'n cael 'a-ha' moment fach dyner, lle dwi'n clywed neges yn dod o 'nghalon, ddim gan Myfi: 'Dwi'n dewis fi fel person i'w thrysori. Dwi'm angen rhywun arall i neud hynny!'

Mae yna ryddhad bach yn dod a rhyw egni sy'n fy atgoffa i ohonof fy hun yn fy arddegau neu efallai mai llais pwerus y menopos ydi o: 'Ac i ti gael dallt, Myfi, ti'm angen 'run dyn i deimlo bo' ti'n llwyddo mewn bywyd.'

Mae Myfi yn sgrechian, 'Ond ti'm yn gallu bod yn hapus ar dy ben dy hun! Sbia digalon wyt ti!'

Dwi'n gwybod nad ydi trio cael y gair olaf efo Myfi werth yr ymdrech, felly dwi'n cymryd saib i wenu. Efallai nad ydi micro-wên ddim yn hapusrwydd ond mae'n gam i'r cyfeiriad iawn, ac alla i ddim peidio dweud efo anwyldeb, 'Have a day off, Myfi!' Dwi'n dewis clywed hyn yn gynffon iddo, 'Iawn 'ta! Jyst dos amdani efo'r bathrwm a stopia neud lol!'

Ydi Myfi yn gwybod 'mod i'n dechrau ennill y frwydr yn y rhyfel i drechu digalondid, tybed?

Mae rhywun yn awgrymu mai 'y lle' y dylwn i fynd iddo ydi siop Darlun, canolfan ceginau ac ystafelloedd molchi ym Mhorthmadog. Dwi'n mynd i mewn cyn i Myfi ddweud y bydd o'n 'rhy ddrud' a bod yn well i mi hel fy mhac am B&Q. Yno, mae yna awyrgylch o heddwch yn fy nharo i'n syth. Mae yna ddynes, tua 'run oed â fi, yn ymddangos, yn gwenu a dechrau edmygu fy modrwyau. Heb ragymadroddi, dwi'n egluro mai *mishmash* o fy modrwy briodas a'm modrwy ddyweddïo gyntaf ydyn nhw a'r fodrwy ddyweddïo gan y partner sydd newydd adael wedi deuddeg mlynedd, efo brêc o flwyddyn a hanner yn y canol.

Dydi Michelle, fel dwi'n dysgu wedyn ydi ei henw, ddim yn holi beth ydw i isio nac yn ymateb yn afresymol i'r enghraifft amlwg o or-rannu. Mae hi'n gwenu ac yn dal fy llaw i astudio mwy ar y modrwyau, 'Ma rheina'n lyfli!'

Dwi'n bwrw ymlaen i egluro 'mod i wedi comisiynu cynllunydd gemwaith i 'briodi' (dewis anffodus o air, efallai) y tair modrwy efo'i gilydd i mi eu gwisgo ar fy llaw dde fel dathliad o'r perthnasoedd sydd wedi 'methu' yn fy mywyd. Ond y rhain sydd wedi rhoi tri o blant mwyaf bendigedig y byd i mi. Modrwyau siâp tonnau ydyn nhw – nid rhai syth, traddodiadol – i fy atgoffa fod newid yn digwydd yn barhaus.

Roedd hyn chwe blynedd yn ôl, ac mi gafodd y fodrwy ddyweddïo *mark 2* ei symud i'r llaw chwith jyst cyn y cyfnod clo, wedi i dad fy mab ddychwelyd yn ôl i fyw efo ni, cyn i mi ei symud eto i'r dde bum mlynedd yn ddiweddarach. Dydi Michelle yn dal ddim yn dweud dim, dim ond nodio a gwenu.

Dwi'n cael y teimlad o fod yn gwbl saff wrth ei hymyl, a chyn imi ddechrau crio mae'r ystafelloedd amrywiol o 'nghwmpas yn dal fy llygad. Mae eu harddwch nhw'n fy nhynnu i ymchwilio, i agor cypyrddau, i ddotio at siapiau ac i weld myrdd o bosibiliadau. Mae yna un gornel yn fy hudo'n fwy na'r gweddill, efo teils anferth mewn glas tawel a gwythiennau brown sy'n union liw London Stone.

'Teils yma dwi isio!'

Dydi Michelle ddim yn wfftio nac yn awgrymu 'mod i'n dewis sinc neu gawod gyntaf. Ac yna dwi'n colli hyder, 'Yden nhw'n ddrud achos bo' nhw mor fawr?'

''Dan ni'n eu mewnforio nhw o …'

Er bod sŵn hynny'n drewi o gost, dwi'n ymlacio wrth i Michelle ychwanegu, 'Mi allwn ni addasu bob dim i ffitio be tisio'i wario, ond dewisa rwbath ti wrth dy fodd efo fo! Be am i ti greu stafall braf i ymlacio fatha 'sa ti'n cael aros mewn hotel bob nos?'

Dwi'n gorfod atal fy nhafod rhag ei llongyfarch hi ar ddatrys byrdwn y llyfr, ar ddewis byw fel dwi isio, yn hapus ac yn teimlo'n braf. Nid trio fy helpu i sgwennu'r llyfr mae Michelle ond rhannu be sy'n gwneud synnwyr iddi, ac i lot o bobl eraill, mae'n debyg. Ydi'r bydysawd newydd fy arwain at y ddynes fwyaf doeth yn yr ardal?

'*Pipe down*,' mae Myfi'n gweiddi, a dwi'n trio jyst bod yn bresennol.

I fynd efo fi, caf lond côl o *brochures bathrooms* a dwi'n addo galw draw eto mewn wythnos. Ond nid addewid gwag ydi hwn, fel dwi wedi'i roi mewn cymaint o siopau ar hyd y blynyddoedd. Y noson honno, dwi'n pori a phori trwy'r catalogs, ond mae'r dewis a'r prisiau'n creu dryswch a dwi'n cau fy llygaid a meddwl am y teils mawr glas. Mae pob un wedi'i marcio'n unigryw ond maen nhw'n asio efo'i gilydd.

Y diwrnod canlynol dwi'n gorfod anghofio am yr ystafell folchi dros dro a mynd at yr optegydd i drio pâr o *contact lenses* yn barod ar gyfer priodas Erin. Dwi'n cael syniad y byddai bod heb sbectol yn braf at y diwrnod mawr. O ddod adref a straffaglu i'w gwisgo, mae Gruff yn troi ei drwyn ar ei union, 'O, dwi'm yn licio chdi fel'na!' A dwi'n meddwl mai felly'n union mae trio byw'n hapus yn teimlo i mi – chwithig ac anghyfarwydd wedi bywyd cyfan o adael i Myfi gwestiynu fy hawl i fyw fel dwi'n ei deimlo sydd orau. Ar ôl i mi geisio'i gael o i weld ydi'r lens wedi syrthio o fy llygad, mae Gruff yn ychwanegu, 'Jyst gwisga sbecs, ia, Mam, a ga' i gymryd da-da o'r drôr?'

Dwi'n dotio at symlrwydd ei ffordd o resymu a dwi innau hefyd yn cael *fudge* bach ac yn eistedd efo fo ar y soffa'n glyd. Taswn i ddim ond yn gallu potelu'r boddhad tawel yma, fyddwn 'im angen 'run *bathroom* newydd na dim arall i deimlo ar ben fy nigon. Dydyn ni ddim yn siarad ac mae Caio'r ci yn cael ei hudo gan y dedwyddwch ac yn dod i eistedd aton ni.

Mwyaf sydyn, mae yna gynllun yn cyrraedd gan Michelle. Dwi'n cael fy syfrdanu achos ei fod o'n edrych fel ystafell folchi o westy moethus – un na fyddwn i'n gallu fforddio mynd iddo, ond mae Myfi'n cael 'taw' sydyn. Wrth gwrs, dwi'n dechrau crio ac mae Gruff yn anwybyddu'r dagrau gan wybod mai rhai hapus ydi'r rhain.

'Gorjys, Mam!'

A dwi inne'n ychwanegu yn fy meddwl, ''Di'r bathrwm ddim yn ddrwg, chwaith!'

Dwi'n e-bostio i ddweud y bydda i ac Erin yn galw draw i archebu popeth y dydd Sadwrn canlynol. Mae yna deimlad cryf ym mêr fy esgyrn fod popeth yn dod at ei gilydd yn berffaith. Pam mae raid i Myfi roi ei phig i mewn efo'i 'Gawn ni weld am hynny'?

Dwi'm yn ateb ac yn perswadio Gruff i ddod efo fi am dro

a thaflu sgimars ar y Fenai. Yn eistedd ar stepen y pafin yn edrych draw am sir Fôn a Caio efo'i bawennau budron ar fy nglin, dwi'n hapus. Mae glesni'r awyr fel y teils a'r gwymon am y cerrig yn union fel y gwythiennau. Mae carreg wastad a thenau yn dal fy sylw ac mae Gruff yn ei hastudio'n fanwl, 'Ti'm rili 'di dallt be sy isio i sgimio'n iawn, sdi, Mam!'

'Tria hi!' dwi'n ei herio ac mae hi'n neidio wyth gwaith.

''Nes di ffilmio fo?' hola Gruff.

Eto, cyn i mi ddechrau cywiro mai benywaidd ydi carreg a phopeth arall da mewn bywyd, rydyn ni'n chwerthin ac yn cytuno i fynd am grempog.

Y dydd Sadwrn canlynol, dwi isio i bopeth fod yn berffaith ar gyfer archebu'r *bathroom*. Felly, mae yna syniad mai hwn ydi'r cyfle i mi dreialu'r *contact lenses* am gyfnod chydig hirach. Gan mai sbectol *varifocal* dwi'n ei gwisgo, dim ond gweld yn bell fydda i efo'r *lenses* ac mae Erin yn cynnig gyrru. Felly, mae'n gyfle da i'w treialu nhw heb achosi unrhyw berygl.

Dydw i ddim yn eu teimlo nhw'n rhwbio dim, ac wedyn mae yna neges yn dod ar fy ffôn a dio'm ots faint dwi'n craffu a dal y ffôn yn bell, alla i ddim darllen y neges. Dwi'n cymryd cip i mewn i fy mag ac yn sylweddoli 'mod i wedi gadael fy sbectol adref. Mi gaiff y neges aros ac mi alla i holi Erin i'w darllen wedi i ni gyrraedd.

Mae Myfi wrth ei bodd, 'Be os oes yna rywbeth 'di digwydd i Gruff ac mae o wedi brifo yn ei gêm bêl-droed ac ar ei ffordd i'r sbyty?'

Yn gwbl resymol a thawel fy meddwl, dwi'n ateb, 'Mi fyse rhywun yn siŵr o ffonio dan yr amgylchiadau hynny.'

Rydyn ni'n cyrraedd y siop, a gan mai drwy'r cefn mae'r mynediad, dydi Erin ddim yn edrych yn frwdfrydig iawn. Ond o gerdded i mewn, fanno mae Michelle o flaen ei desg yn gwenu a'i chi bach yn gorweddian yn braf o flaen y tân, ac mae Erin yn derbyn cynnig am baned. Mae Michelle isio cadarnhau ambell fanylyn, ac mae'n rhaid i mi edrych drwy rai o'r catalogau. Dwi'n eu dal nhw, yn trio fy ngorau i ddod â'r manylder i ffocws, ond heb lwyddiant.

'Ti'm yn fflipin gweld, nagwyt! Wel, dorra dy sbectol 'mlaen!'

Fi ydi'r plentyn ac mae Erin yn dwrdio'n famol. Dwi'n boeth yn fy nghôt ac yn ei thynnu cyn cyfaddef fy mlerwch. Wrth osod y gôt yn daclus ar gefn y gadair, dwi'n teimlo rhywbeth yn bolio yn y boced – y sbectol!

'Sorri, Michelle, sgin ti'm drych i mi dynnu'r lensys?'

A dwi'n chwerthin wrth gofio bod yna ddrychau ym mhob man yn y *showroom*.

Caiff yr ystafell folchi ei harchebu ac mae fy hapusrwydd wedi'i selio'n braf. Dwi wedi gosod bwriad i hwn fod yn ddiwrnod da a does 'na ddim gwyro oddi ar gwrs hynny. Erin sydd â'r gair olaf, 'Fydd hwn yn rili neis i ti, Mam.'

Bydd – yr hapusrwydd yma dwi'n dysgu ei ddilyn.

Ymarfer: Darganfod arwydd cadarnhaol gan y môr

Trwy osod bwriad bob dydd i fod yn hapusach ein byd, rydyn ni'n rhoi neges i'n hymennydd i chwilio am dystiolaeth i gyrraedd hynny.

- Dychmygwch eich hun yn cynllunio eich mordaith chi at hapusrwydd.
- Ystyriwch pam rydych chi isio byw'n hapusach. Gallwch ddechrau efo'r rhesymau mwyaf amlwg, yna ceisiwch fentro'n ddyfnach. Sut fyddai byw'n hapusach yn cyfoethogi eich byd? Nodwch eich atebion isod.
- Yna, nodwch yr holl bethau yn eich bywyd sy'n dod â hapusrwydd i'ch byd – o ystafell folchi newydd i gariad dwfn at eich plant neu symlrwydd pethau fel sgimio cerrig.

Anobaith

Dwi wedi cyrraedd y gwaelod, y lle olaf dwi isio bod, lle mae'r anobaith wedi gafael ynof fi. Mae pob diwrnod yn cychwyn efo'r teimlad trwm yma, nad oes yna ryddhad na phleser yn dod o fyw bywyd fel mae o rŵan.

Yna, mae neges yn dod gan ffrind i holi ydi Gruff isio dod i glwb bocsys gwag am fore dros hanner tymor.

'Mei sy'n neud o?'

'Ia!'

Does dim angen i mi holi am ateb, achos dwi'n gwybod y bydd Gruff wrth ei fodd. Mae mynd i chwarae yng nghartref Bleddyn wastad yn apelio at fy mab. Pan fydd ei dad, Mei, yn rhan o'r chwarae, mae yna fwy fyth o hwyl achos mae Mei yn dal i gofio gwerth chwarae. Mae 'na ddau chwarae penodol sy'n mynd â bryd Mei: 'gneud miwsig' a chreu efo bocsys.

Ac yntau'n gyn-beiriannydd sain, mae ganddo doreth o drugareddau i ddal, newid a chymysgu synau, ac mae ganddo ddawn arbennig i gyfuno'r annisgwyl yn draciau cerddorol. Dwi ddim yn siŵr ydi Mei yn canu ei glod ddigon fel cerddor, ond mae ganddo fo'r gallu i fod yn chwareus wrth esgor ar gerddoriaeth lawn direidi.

Ar brynhawniau Sul mae Mei a chriw Afal Bach, sy'n bump o ffrindiau o ddosbarth Gruff, yn hel at ei gilydd i chwarae miwsig. Mae Huw, tad Gruff, hefyd yn rhan o'r gang, ac o fewn cwta ddwy awr, fel arfer, mae yna drac wedi'i greu.

Dydw i ddim wedi bod yn un o'r sesiynau hynny, felly alla i ddim dweud efo sicrwydd be ydi'r ffin rhwng creu'r plant a chrefft yr oedolion, ond dwi'n gwybod yn saff fod pawb yn dychwelyd adref yn hapusach. Wedi i bob un gael recordio'u traciau, mae Mei yn gwneud ei ddewiniaeth ac yn rhoi popeth at ei gilydd yn gelfydd.

Mae yna ganeuon am hen wylan wen yn cachu ar ben plentyn yng Nghaernarfon, am fod yn ffŵl ac yn cŵl, a'r un dwi'n ei hoffi fwyaf – am gacen afal. Mae'r hyder sydd wedi dod o'r broses hon wedi arwain at newid yn Gruff. O fod yn hogyn cymharol swil, mae o wedi teimlo'r gallu i fynd at Yws Gwynedd ar gae pêl-droed yr Oval, yng Nghaernarfon, a gofyn iddo wrando ar eu traciau nhw. Yn dilyn hynny, mae'r caneuon wedi cael eu chwarae ar Radio Cymru ac mae'r band i gyd yn meddwl eu bod nhw'n dipyn o fois.

Nid enwogrwydd ydi nod Mei ond eu hannog i gael hwyl efo'u creadigrwydd. Mae dihangfa chwarae heb unrhyw ddisgwyliadau wrth galon syniadau Mei am sut i fod yn fodlon. Dwi'n dal i gofio pa mor felys oedd creu dens efo plant y stryd yn blentyn, a doedd ddim ots beth oedd y canlyniadau. Y cyswllt wrth greu oedd yn bwysig, yr ymdeimlad ein bod ni'n perthyn i'n gilydd yn y broses.

*

Dwi wedi rhagymadroddi digon. Y cwbl dwi isio sôn amdano go iawn ydi sut alla i gael gwared â'r tristwch 'ma. Er 'mod i'n ffrindiau da efo Mei ac yn aml yn tywallt fy nghalon iddo fo a'i bartner, Non Eluned, am ryw reswm dwi'n methu bod yn gwbl yn onest am hyn.

Dwi isio bod yn blentyn a dianc rhag realiti byw fel mam

sengl a'r tristwch sy'n deillio o wahanu ffresh. Dwi'n cael bod yn greadigol y rhan fwyaf o ddiwrnodau'r wythnos, a hynny wrth fy ngwaith fel artist llawrydd. Ond mae o'n greadigrwydd i bwrpas arbennig. Dydi o ddim yn rhydd o ymgolli heb boeni am ganlyniad. Fi ydi'r un sydd fel arfer yn ysgogi'r chwarae drwy greadigrwydd i bobl eraill.

O gael y cyfrifoldeb hwnnw, dwi wastad yn cadw llygad ar sut mae pethau'n mynd ac yn ceisio ysgogi datblygiad. Fi sy'n gorfod sicrhau fod pawb yn teimlo'n ddiogel ac ystyried beth fydd cynnwys yr adroddiad wrth grisialu gwerth y gweithgaredd ar gyfer yr arianwyr.

Ydw i'n bod fymryn yn ddramatig? Digon posib. Mae yna adegau bendigedig o gysylltu drwy greadigrwydd, o weld unigolion a phlant yn gweld eu hunain o'r newydd, o deimlo 'mod i'n gwybod fod yna ryddhad o fewn cyrraedd. Ond dwi hefyd isio cymryd fy emosiynau o ddifri a chydnabod sut ydw i'n teimlo heb fychanu fy hun.

Dwi wedi bod yn byw efo tristwch sy'n mudlosgi ers deufis a hanner. Mae o wedi bod yn newid o ran ffurf: yn troi'n wylltio, yn hunandosturi, yn chwerwder – ond yn dychwelyd i'r tristwch trwm o fewn dim.

Wrth fynd am dro efo ffrind, mae hithau'n sôn ei bod hi hefyd yn teimlo'r un trymder ac wedi bod at y meddyg i ofyn am dabledi gwrth-iselder. Mae o'n ei tharo hi'n flynyddol pan fydd y diwrnodau'n byrhau ac mae hi wastad yn fwy hwyliog yn yr haf. Dwi innau wedi ystyried bod yn rhaid i mi wneud yr un fath a ffonio'r syrjeri am apwyntiad. Mewn cyfnodau o iselder yn y gorffennol, mae'r teimlad wedi bod yn wahanol, yn fwy o bellter oddi wrth y byd ond, os rhywbeth, teimlo'n rhy agos at bob dim ydw i ar hyn o bryd.

Yn fy nghalon dwi'n gwybod 'mod i i fod i deimlo tristwch

a'i bod hi'n broses o 'alaru' am y berthynas a'r euogrwydd o fod yn magu plentyn heb un cartref sefydlog. Ddylwn i fod wedi derbyn mwy ar bethau a pheidio gosod ffiniau?

Dwi'n rhoi stop ar hynny gan gadarnhau fy hawl i deimlo heddwch yn fy nghartref fy hun. Yn fy nghalon, dwi'n gwybod nad oedd dianc rhag hyn a bod angen derbyn y sefyllfa yn union fel y mae.

*

Felly, yn hytrach na gofyn a ga' innau chwarae, dwi'n holi ydi Mei isio 'help'. Mae Mei ar ei union yn dychmygu rôl i mi o 'gofnodi' ymatebion y plant rhag ofn y bydd cyfle i ymgeisio am gefnogaeth i ddatblygu'r syniad yn y dyfodol. Dwi'n holi Mei sut mae o am gofnodi ac mae ei ateb o'n ysgafnhau popeth, 'Sgwennu ar y bocsys, 'de, Iol!'

Mae hyd yn oed cofnodi yn chwareus i Mei a dwi'n gwybod, neu o leiaf yn gobeithio, y bydd y ddwy awr yma yn y Galeri yn falm i fy enaid. Dydi Gruff ddim yn protestio 'mod i am ymuno chwaith a dwi'n gwybod fod ei ddeallusrwydd emosiynol o'n synhwyro y gwnaiff fyd o les i mi.

O fewn munudau i rannu gwybodaeth am y sesiwn, mae'r llefydd i gyd wedi'u bachu. Mae Mei wedi dychmygu cael rhieni a neiniau a theidiau'n ymuno yn y chwarae, ond dim ond y plant sy'n aros ar gyfer y gweithgaredd. Mae'r rhieni'n ddiolchgar am ddwy awr o ofal plant dros y gwyliau. Daw Ffion, sy'n gweithio yn y Galeri, i gael rhieni i lenwi ffurflenni gwybodaeth, a ffwrdd â nhw.

Mae Lle Celf y Galeri wedi'i wagu o'r cadeiriau a'r byrddau arferol, ac yn un gornel mae swp o focys fflat wedi'u pentyrru ar ben ei gilydd. Llew, brawd mawr Bleddyn, sydd yng ngofal y miwsig cefndir, ac mae ei ddewis o'n berffaith i greu awyrgylch braf.

Cyn dechrau, mae Mei'n cyfarch y criw gan egluro'r syniad o greu heb ffiniau, a dwi'n gweld y plentyn hapus o'i fewn. Mae yna un siswrn, tâp ecogyfeillgar a *felt tips* i addurno, a rhybudd gan Mei nad oes yna unrhyw reolau!

Dydi'r plant ddim yn ymateb i hyn, a dwi ddim yn siŵr ai gwybod fod yna wastad reolau yn eu byd maen nhw neu eu bod nhw'n croesawu'r syniad ac yn ei dderbyn heb lol. Dwi'n meddwl efallai mai jyst isio bwrw iddi i adeiladu maen nhw, heb orfod gwrando ar leisiau oedolion. Mae'r awch i chwarae efo'r swp bocsys yn eu symud nhw fesul cam at y gornel nes bod yna fwrlwm o egni'n cael ei ryddhau ac mae'r lle'n llenwi efo chwerthin a chynnwrf y plant.

Dwi'n ymfalchïo yn yr ysbryd hwn o ryddid, er bod yna ran ohono' i isio rhoi rhybuddion lu am beidio crwydro, ond mae yna dri ohonon ni, oedolion, yn cadw llygad. O fewn eiliadau, mae yna gais i hel y plant yn ôl i wrando ac un rheol yn cael ei chyhoeddi gan Mei. Fo fydd ceidwad y siswrn ac mae yna chwerthin yn codi tu mewn i mi. Mae hyd yn oed gosod rheolau yn hwyliog.

Er 'mod i'n nabod y plant i gyd fel ffrindiau i Gruff, merch fach sydd wedi cyrraedd yno ei hun o ysgol gyfagos sy'n mynd â 'mryd. Mae ei mam yn ei gadael ar ôl iddi setlo efo swp o gardbord a dydi hi'n poeni dim. Dwi'n ceisio awgrymu y gallai hi ymuno efo'r plant eraill os ydi hi isio, ond mae hi'n edrych arna i'n rhyfedd am awgrymu'r ffasiwn syniad. Mae hi'n berffaith hapus yn ei chwmni ei hun a dwi'n llawn edmygedd ohoni am deimlo mor fodlon ei byd.

Dwi'n cadw fy mhellter ac yn gwylio'r criw cyfan. Maen nhw'n byrlymu efo syniadau, yn swnllyd ac yn morio chwerthin cyn dechrau sticio iddi'n dawelach efo'u 'gwaith'.

Mae Gruff hefyd yn gweithio ar *chest of drawers* ac yn galw arna i, ddim ond pan fydd wirioneddol raid, i helpu efo torri'r tâp. Mae yna ddau'n adeiladu darn gwyddbwyll mwya'r byd, merch yn adeiladu parc hwyl i hamster, rhai eraill yn creu esgidiau perffaith i fynd ar y lleuad ac mae Mei yn gwenu o glust i glust, yn annog bob hyn a hyn ac yn ymfalchïo'n dawel bod y syniad wedi tanio dychymyg y plant.

Mae'r ferch fach wedi creu bocs postio allan o'r darnau mawr ac yn galw arna i er mwyn cael help i'w gau. Mae hi'n torri twll i greu blwch i bostio darnau llai a drws i lwytho negeseuon newydd. Galwa'r blwch postio yn 'Teulu Bach Ni'. Mae hi wedi addurno'r drws yn binc efo siapiau calonnau'n datgan y cariad sydd rhwng aelodau'r teulu ac mae'n diolch amdanyn nhw. Mae pob darn bach o gerdyn yn neges bersonol i'r aelodau ac yn sôn am eu rhinweddau, a dwi'n llawn edmygedd o deulu sydd wedi creu plentyn sydd mor barod i rannu hyn.

Wrth i mi drio peidio crio, mae Mei yn ymuno i glywed hanes y blwch, ac mae yntau dan deimlad hefyd ac yn gwirioni. O'r rhyddid i greu, mae'r ferch hon wedi teimlo'n ddigon diogel i dreiddio'n ddwfn i fyd ei bodlonrwydd, tra mae yna griw o hogiau o'i chwmpas yn creu *toaster* enfawr a dwylo anferth. Dydi hi ddim yn dilyn syniadau eraill ond yn creu ei dyfais gardbord allweddol ei hun.

Mae Ffion hefyd wedi gwrando ar eglurhad y ferch o'i blwch ac wedi'i hysbrydoli i greu tŵr o dai, fel rhai adar, ar ben ei gilydd. Mae o'n hardd rhyfeddol ac fel ei holl greadigaethau yn awgrymu bod yn glyd, yn ddiogel ac yn chwareus. Yn araf, mae'r ferch yn dechrau cydweithio efo Ffion. Dyma ddwy artist yn cydweithio'n gyfartal, er gwaethaf yr amrywiaeth yn eu hoed a'u profiadau proffesiynol.

Dwi'n cofnodi'r syniadau yma ar focsys, yn meddwl am y ddelfryd o gyflwyno'r rhyddid yma i rieni prysur neu rai sy'n cael trafferth darganfod eu bodlonrwydd ac yn meddwl tybed allai o ddigwydd o gwbl? Dwi'n gwybod mai drwy'r plant mae Mei yn gweld y modd gorau o'i gynnig yn ddistaw bach, ond dwi'n dychmygu oedolion sy'n dewis dod i le fel hyn yn hytrach na mynd allan i dafarn fel y lle perffaith i ymlacio. Beth pe byddai 'na far cardbord yn hytrach na bar alcohol ar faes yr Eisteddfod Genedlaethol i ddod â phobl at ei gilydd? Dwi'n dychmygu llanast bocsys a bydoedd llawn dychymyg ar y maes heb i rieni orfod gwario crocbris ar dda-das a hufen iâ i'w plant.

Ac wedyn dwi'n atgoffa fy hun nad ydw i angen poeni be all bocys cardbord ei gynnig i neb arall, jyst canolbwyntio ar fy moddhad fy hun. Nid cyfle i gynllunio prosiect newydd i ennill fy mara menyn dwi ei angen ond cyfle i chwarae heb bwysau.

Yn un gornel mae yna ddwy chwaer wedi gweithio'n ddiddig ar ganolfan gelfyddydol fach eu hunain, yn union fel y Galeri. Mae'r chwaer fawr yn amyneddgar efo syniadau'r un fach a'r ddwy yn bwrw iddi'n brysur i greu 'realiti' eu byd. Does yna ddim gwrthdaro yn codi rhyngddyn nhw na neb o'r plant eraill. Ai'r ffaith fod moelni'r cardbord yn caniatáu digon o ryddid i oresgyn ffraeo a bod digon ohono i bawb ddilyn ei drywydd ei hun sydd i gyfri am hyn? Neu ai'r rhyddid a'r hyder mae Mei wedi'u gosod yn y broses sydd wedi creu'r awyrgylch hynod?

Dwi'n ystyried yn ddyfnach ac yn meddwl ai mewn llefydd fel hyn mae chwalu anghydfod mewn perthnasau, boed yn rhai teuluol, yn y gwaith neu rhwng ffrindiau? Ydi'r creu efo dwylo prysur yn fwy pwerus na thrafod confensiynol, cwnsela a mynd trwy'r llysoedd? Tybed a all pawb elwa o greu a chyd-chwarae fel hyn cyn cychwyn mynd i fanylder oeraidd chwilio am ddatrysiad? Efallai fod yna ormod o chwerwder mewn rhai sefyllfaoedd ac na allai'r broses o chwarae fyth ei ddadmer. Ond mae hi'n ddelfryd y byddai Mei yn fodlon ei threialu, dwi'n siŵr.

A dwi'n gweiddi 'STOP!' Dwi'n methu dweud yn iawn ai Myfi, llais negyddol fy ngorbryder, sy'n siarad, neu'r fi go iawn? Jyst *time out* dwi ei angen, i MI FY HUN!

Dwi'n gafael mewn pen ffelt, ac yn hytrach na chofnodi dwi'n sgriblo i drio rhyddhau'r tensiwn sy'n tyfu tu mewn i mi. Mae'r marcio'n gweithio a dwi'n anadlu gwynt stêl fy nhristwch allan cyn troi at y genod.

Mae'r ddwy chwaer wedi creu *projector* a sgrin i wylio ffilmiau, ac mae'r manylder a'r teclynnau'n syfrdanol. Wrth holi am baned a chacen, caiff bwydlen ei pharatoi a phob dim arni'n bum ceiniog. Dwi'n holi am eu horiau agor, ac maen nhw'n cyhoeddi'n bendant eu bod ar agor bob awr o'r dydd! Arweinia hyn at drafodaeth am hawliau gweithwyr i orffwyso a chael treulio amser efo'u teuluoedd, ond mae gwên y ddwy'n awgrymu'n glên, 'Ydi Iola yn cofio mai 'mond chwarae 'dan ni?'

Dwi wedi'i wneud o eto'n syth: mynd i chwarae efo syniadau mawr yn lle cydio yn y cardbord.

Dwi'n atgoffa fy hun mai DIM OND CHWARAE dwi angen ei wneud, ac wrth ganmol yr ail gacen siocled gardbord dwi'n dechrau ymlacio … y mymryn lleiaf. Ymuna rhai o'r hogiau am gacen hefyd, ond dydyn nhw ddim yn cael yr un blas ar y sbwnj Victoria. Maen nhw'n gadael i weld pa mor uchel allan nhw greu tŵr cyn iddo ddymchwel, ac mae'r ddwy chwaer yn trafod syniadau am sioeau yn eu canolfan.

Mae'r chwiorydd am greu sioe gerddorol ac maen nhw'n dychmygu'r gwisgoedd a'r set o gardbord mewn stori swreal am esgidiau i gerdded ar y lleuad a thost yn creu planed newydd efo brenhines y gwyddbwyll yn teyrnasu. Nid cynllunio strategol artist llawrydd ydi hyn ond meddwl rhydd yn chwarae. Dwi'n gweiddi *'Ieeeeesssss'* a dwi'n amau bod y chwiorydd yn dallt mai'r syniadau sy'n fy nghynhyrfu ac nad ydw i'n gwbwl wirion bost.

Ac yn olaf, dwi'n troi at y ferch efo'r parc hwyl i'w hamster. Mae yna lefelau amrywiol: ardaloedd i gysgodi, i guddio ac i deimlo arwynebau gwahanol. Dim ond pleser a hwyl i'r hamster sy'n bwysig. Pan gyhoedda Mei ei bod hi'n amser dod â'r sesiwn i ben, mae mam y ferch yn cytuno y caiff y parc ei gario adref i'r hamster ei brofi. Does yna ddim 'Fydd yna ormod o lanast' neu ''Sgynnon ni'm lle i'w roi o', a dwi mor falch dros y ferch a'r hamster. Efallai bydd yr hamster yn ei gnoi neu'n ei chwalu'n syth, ond mi gaiff o andros o hwyl tra mae o wrthi.

Mae Gruff yn troi ata i ac yn holi sut allwn ni gario'i *chest of drawers* o adref. Rydyn ni wedi cerdded i lawr i'r Galeri, a fues i erioed mor falch fod fy rhesymeg na allwn ni ei gario adref yn dal dŵr. Mae o'n protestio gan ddweud y gallwn ni ddychwelyd yn hwyrach efo'r car, ond hefyd yn sylweddoli efallai mai yn y gofod yma mae swyn y cardbord ac yn cytuno i ddod am adref heb swnian mwy.

Mae Mei ar ben ei ddigon yn edrych ar y creadigaethau o'i gwmpas ac yn gweld dim ar y llanast. Mae ei syniad wedi gweithio ac wedi ysbrydoli'r plant – a ninnau fel oedolion – i drysori chwarae.

Dwi'n cynnig helpu i glirio ond mae Mei yn fy argyhoeddi, 'Ma bob dim yn iawn, Iol!'

Dwi'n cyfaddef nad ydw i wedi 'cofnodi' fawr ddim, ac ateb Mei ydi chwerthin lond ei fol. Rydyn ni'n dau'n dallt yn iawn mai dim ond esgus dila oedd hyn i mi ymuno yn yr hwyl. Dwi wedi troi cornel yn nes at hapusrwydd wedi'r ddwy awr yma. Mae gafael y tristwch wedi llacio, ac am y tro cyntaf dwi'n gallu gweld 'mod i'n mynd i fod yn iawn.

Tybed oedd bod yn onest efo fi fy hun a chyfaddef 'mod i angen cymryd y tristwch o ddifri yn hytrach na'i fygu o wedi helpu? Oedd penderfynu y byddai'r sesiwn yn llacio fy nhristwch wedi gosod bwriad clir a thrwy hynny 'mod i wedi camu yn nes ato fo?

Yn y maes parcio mae rhieni'r hogyn sydd wedi creu *toaster* anferthol yn cnoi cil ar sut i'w ffitio i mewn i *boot* y car.

''Di o'm yn mynd i ffitio, nadi?' mae Gruff yn sylweddoli.

Ond mae ganddo wên lydan wrth wylio'r teulu'n pendroni a dwi'n rhoi llaw ar ei ysgwydd a'i dywys i groesi'r ffordd. Mae pob hapusrwydd yn gorfod rhoi yn y diwedd, ond efallai fod yna ran ohono wastad yn aros efo ni, fel olion corneli bocsys pan maen nhw wedi cael eu gwasgu'n fflat.

Casglu hapusrwydd, nid tristwch, dwi am ei wneud i fy nghorneli i, a pheidio anobeithio nad ydi'r llonni'n ymddangos yno'n syth. Mae'n rhaid rhoi amser i ddisodli bocsys ein bywyd pan mae yna newid, a gadael iddyn nhw setlo wedi'u plygu'n fflat. Efo amser, mae bocsys, fel bywyd, yn barod i godi, yn sigledig i ddechrau, ac efo mymryn o dâp mi allan nhw ailgymryd eu siâp.

Ymarfer: Negeseuon bach o anogaeth

Fel y ferch fach a'i blwch postio yn llawn negeseuon o gariad at ei theulu, dychmygwch eich bod chi ar fin gadael ar fordaith hir.

- Gwnewch restr o'r unigolion – yn deulu, ffrindiau, cyd-weithwyr, anifeiliaid anwes neu hyd yn oed anwyliaid sydd wedi gadael y byd – fyddai'n dymuno gyrru neges o anogaeth atoch chi. Nodwch eich atebion isod.
- Fesul un, ewch drwy'r rhestr a dychmygu'r unigolyn yn ysgrifennu neges gefnogol atoch ac yn tynnu sylw at eich rhinweddau o'u safbwynt nhw. Trwy ysgrifennu negeseuon o safbwynt eraill gallwch drechu unrhyw chwithdod, a byddwch yn barod i gael eich synnu at yr hyn a ddaw. Gallwch gyfyngu ar faint y negeseuon i sgwâr maint Post-it rhag i'r dasg eich llethu!
- Darllenwch y negeseuon ac ystyriwch mor eang ydi'ch apêl a'r elfennau gwahanol o gefnogaeth rydych yn eu cynnig i bobl amrywiol.
- Chwiliwch am hen focs i ddal y negeseuon ac

addurnwch hwnnw efo delweddau sy'n eich gwneud chi'n hapus. Calonnau oedd dewis y ferch fach, ond mi allwch chi ddwdlo'n braf drwy roi pensel yn eich llaw anghyfarwydd, cau eich llygaid a symud y bensel wrth wrando ar gerddoriaeth. Yna lliwiwch y patrwm unigryw hwn.

- Dathlwch eich creadigrwydd gan sylweddoli nad oes raid i chi rannu hwn efo neb arall.
- Rhowch enw ar y bocs sy'n gweddu i'r cyfnodau o anobaith sy'n codi i chi, e.e. Blwch Bwstio Bodlondeb.
- Gallwch ychwanegu elfennau synhwyrus i'r bocs, e.e. darn o ddefnydd efo'ch hoff sent wedi'i dywallt arno.
- Cadwch y bocs negeseuon mewn lle hawdd i'w gyrraedd ac estynnwch amdano pan fo'ch hwyliau'n isel.

Bodlonrwydd

Mi fues i mewn angladd yn ddiweddar a chael anrheg gan y teulu wrth adael y capel. Mi fyddwch chi'n meddwl rŵan 'mod i wedi drysu'n llwyr, yn gosod y teitl anghywir ar y bennod hon ac wedi camgymryd galar am fodlonrwydd.

Mam Jean, ffrind ysgol i mi, oedd yn cael ei chladdu yn Llanfair Caereinion. Roedd mynd i gladdu Margo yn bwysig i ni, a hithau wedi bod yn ddylanwad tawel, yn ddynes oedd yn rhoi digon o le i ni yn ei chartref achos bod heddwch yn drwchus o'i chwmpas. Mi wnaeth yna dair ohonon ni gwrdd cyn y gwasanaeth mewn tafarn am baned. Roedden ni wedi cwrdd yno ychydig dros flwyddyn ynghynt i gladdu Dave, gŵr ffyddlon a chariadus Margo. Gwenu wnaeth Margo y diwrnod hwnnw: y dementia wedi cydio ynddi a'i geiriau hi'n brin.

Mae gen i duedd i feddwl y bydd pethau wastad yn dilyn yr un patrwm mewn bywyd. Felly, wrth gamu i'r dafarn, disgwyl gweld llond llaw o bobl leol wedi hel i gorneli oeddwn i, fel roedd hi'r tro diwethaf. Ond mi ges i fy syfrdanu wrth agor y drws a chael y bar yn llawn merched byrlymus yn gwenu wrth fy nghroesawu. Roedd hi'n fore coffi i godi pres i elusen Macmillan, i gefnogi unigolion a theuluoedd sydd wedi'u heffeithio gan gancr.

Croeso fel yr un yng nghartref Margo 'nôl yn fy arddegau oedd hwn: Margo, efo'i thri o blant egnïol, eu trafodaethau gwleidyddol tanbaid a phrysurdeb bywyd, wastad yn rhoi lle i baned o Earl Grey. Waeth faint o waith marcio oedd gan Margo fel athrawes ysgol uwchradd, roedd eistedd a bod yn bresennol efo ni yn bwysicach na dim arall.

Y pwyllo hwn, edrych i fyw llygaid rhywun, ac ysgwyd ei phen heb ddweud gair fyddai'n llacio rhywbeth ohono' i. Roedd yna wastad bryder yn stiwio ynof fi yn fy arddegau ac mae'n dal yno hyd heddiw. Ond mi allai Margo ei wagu ohono' i fel te cyn i'r stiwio droi'r baned yn chwerw. Dwi'n meddwl mai Margo gyflwynodd y syniad i mi roi llefrith efo Earl Grey rhag 'mod i'n llosgi 'nhafod, a dyna fy hoff baned fyth ers hynny.

Sefyllian wedi ymgolli yn yr atgofion wrth aros am y ddwy arall oeddwn i pan ddaeth yna lais i fy neffro, 'Te neu goffi fysa ora ganddoch chi?'

Dydw i ddim yn un i gario pres parod heb fod angen. Felly, roedd gen i ddilema wrth i baned a chacen gael eu pasio ata i efo gwên yn y dafarn, a dim golwg o beiriant talu efo cerdyn. Wrth estyn am fy mhwrs a'i agor, gwelwn mai dim ond ychydig geiniogau oedd gen i. Roedd y merched yn dal i wenu arna i'n glên, a dyma drio penderfynu ai gollwng y newid mân gan smalio'i fod yn gyfraniad llawer mwy hael oedd orau, neu wrthod y baned a chyfadda'r gwir.

Codi'r newid yn fy llaw a chadw'r pwrs wnes i, a chofio fod gen i bres papur mewn amlen yn barod, er cof am Margo. Beth fyddai Margo wedi'i feddwl o agor yr amlen a thalu am baned? Mi fyddai wedi chwerthin yn iach a'i gadw yn storfa'i straeon i'w rannu dros wydr o win neu swper blasus. Roeddwn i'n dal yr amlen rŵan a'r 'I gofio'n dyner am Margo' yn syllu'n ôl arna i tra oedd y merched yn aros am ymateb.

Tuedd arall sydd gen i ydi gor-egluro pethau, fel tasa pawb dwi'n eu cyfarfod angen gwybod cyd-destun pob penderfyniad dwi'n ei wneud. Wnes i ddim rhannu am y pres papur yn yr amlen, achos mi oedd gen i ofn y byddwn i'n dechrau crio a finnau wedi penderfynu munud olaf fod angen mymryn o liw ar fy wyneb ac wedi rhoi masgara i drio balansio cochni'r *blusher.* Na, doedd o ddim yn un dal dŵr chwaith, a finnau'n crio am y gorau mewn unrhyw angladd.

Felly, mi darais yr amlen yn ôl yn y bag, ac wrth ollwng y newid mân i'r bwced cyfraniadau mi rois fy llaw reit i'w waelod i drio mygu sŵn gwag y cyfraniad a dal i drio cadw cyswllt llygaid â'r merched oedd yn tendio arna i o'r tu ôl i'r bwrdd. Ond wnaethon nhw ddim edrych ar y fwced, ac mi ges innau deimlo rhyddhad. Daeth cwestiwn wnaeth 'y maglu fi, 'Chi'n mynd i'r angladd draws ffor'?'

Dagrau'n tywallt ar eu hunion, fy llaw'n codi'n reddfol i fopio'r masgara cyn iddo redeg yn stribedi ar fy mochau. A dyna pryd anghofies i'n llwyr fod gen i baned mewn cwpan a soser yn fy llaw arall. Fe dolltodd y te i mewn i'r soser ac ar hyd fy ffrog, oedd – diolch byth – yn ddu, a chronni'n bwll wrth fy nhraed. Os oeddwn i'n teimlo'n ddiarth yn cyrraedd y dafarn, mi ddaeth yna dwr o ferched o 'nghwmpas i sychu'r llawr a fy argyhoeddi fod ots ganddyn nhw amdana i. Roeddwn i wedi rhoi sioe i'r *locals* gwrywaidd mewn corneli a ryfeddai at odrwydd merch ganol oed a chwithig o'r gogledd.

Mi basiwyd serfiét bapur i mi efo gwên i sychu fy ffrog, ac mi es allan i eistedd. Trwy'r cyfan, mi oeddwn i'n dychmygu llygaid gleision Margo yn gwenu a chwerthin. Er ei bod hi wedi meistroli'r Gymraeg yn rhugl, Saesneg oeddwn i'n ei glywed efo'i hacen Albanaidd, dew, 'So good of you to come. Try and sit with yourself now and be steady.'

Steady ydi bodlonrwydd, y sefydlogrwydd sydd ynghanol

y pendilio rhwng llawenydd a thristwch. Mae *satisfied* yn llai heddychlon na bodlon i mi; mae yna elfen o ''se fo'n gallu bod lot gwell', ond mae 'bodlon', fel ei sain o, yn fwy o daro'r hoelen ar ei phen, yn sownd yn ei lle, yn iawn.

Ar hynny, cyrhaeddodd fy nwy ffrind, a'r ddwy 'run mor gynnes â haul pnawn Medi. Y ddwy yma, ymysg criw llawer mwy, oedd yn goflaid i mi drwy fy arddegau i ollwng amheuon a choelio nad oeddwn i mor ddiwerth ac od â'r hyn roeddwn i'n ei ofni. Y ddwy ffrind sydd wedi bod fel *stabilizers* bywyd drwy bopeth: y Non a'r Sioned o heddwch, doethineb a chwerthin.

Er gwaethaf tristwch yr amgylchiadau, roedd yna chwerthin yn syth, tynnu ar ein gilydd a theimlo'n ddiolchgar am ein cyfeillgarwch ni fel criw ers amser ysgol uwchradd. Roedd yna ffrindiau oedd yn methu dod i'r angladd, ond roedden ni'n deall y gallen ni eu cynrychioli ac y gallen ni gefnogi ein gilydd.

Mi godais i fynd i nôl paned, gan beidio sôn dim am y mwydro meddyliol oedd ynghlwm â fy mhaned ddiwethaf. Mi ges fy ngalw'n ôl gan Non ar fy union, wrth iddi sylwi ar staen golau ar gefn fy ffrog a dechrau ei rwbio efo'i phoer a'i hewinedd. Daeth y stori i'r wyneb a chynnig gan Non i fynd yn fy lle i nôl y paneidiau i arbed fy chwithdod.

'Nes i anadlu'n ddwfn a bwrw yn fy mlaen, mynd at y bar y tro hwn a gofyn a allwn i dalu am baneidiau a chyfrannu at yr elusen, a'u bod nhw wedyn yn rhoi arian o'r til i fwced Macmillan.

'Iawn, yndi siŵr! Dim problem.'

Bingo! 'Doedd hi'n rhyfedd fel roedd dychmygu cario egni bodlon Margo wedi dod â datrysiad i mi'n syth.

Yn anorfod, dros y baned, mi oedd yna hel atgofion am

y prydau bwyd roedd Margo wedi'u rhoi i ni, am y sgwrsio, y partis gwyllt, a Margo a Dave yn dychwelyd ddiwedd nos, nid i ddwrdio ond i sgwrsio, a nhwythau yr un mor ifanc eu hysbryd. Y ddau wastad yn cymryd cip ar ei gilydd rhwng sgyrsiau, yn cadw fflam eu cariad yn danbaid.

Roedden ni'n dod 'nôl at allu Margo i roi amser i wrando, a hwnnw'n wrando dwfn oedd yn gadael lle i'r siaradwr ei glywed ei hun mewn gofod oedd yn gallu cefnogi rhywun i ddod i ganlyniadau synhwyrol drosto'i hun.

Daeth distawrwydd drosom ni wrth sylwi fod pobl mewn dillad tywyll wedi hel wrth y capel. Fe groeson ni'r ffordd, mynd i mewn a chael Trefn y Gwasanaeth. Roedd yna ddiferion ac ôl masgara'n disgyn ar y cardiau gan y tair ohonon ni wrth ddarllen y geiriau ac edmygu'r lluniau. Cydio dwylo a chlosio'n nes at ein gilydd wnaethon ni a mynd ar grwydr hiraeth am anwyliaid eraill roedden ni wedi gorfod ffarwelio efo nhw ar daith ein bywyd.

Roedd yna rywbeth arall yn Nhrefn y Gwasanaeth: pecyn o hadau pys pêr, llun o Margo'n gwenu'n ddel a neges: 'Plannwch yr hadau i gofio am gariad a phrydferthwch ein hannwyl fam, nain a chyfaill.'

Gollyngodd y tair ohonon ni 'ooo' yr un pryd wedi deall ei harwyddocâd. Daeth gwres yr haul i eistedd efo ni yn y capel. Yno roedden ni, er gwaethaf ein dagrau, yn fodlon ein byd, yn derbyn pethau fel roedden nhw yr eiliad honno.

Yna'n sydyn, daeth anadlu *bagpipes* fel ochenaid, yn alaw werin Albanaidd, draddodiadol. Beth arall fyddai'n fwy priodol i gydnabod a dathlu balchder Margo yn ei gwreiddiau? Roedd y sain yn uchel ac yn gras, ond roedd yna onestrwydd syml iawn ynddo fo. Bron iawn y gallwn i ei alw'n gyntefig, ac mi ddechreues i feddwl beth oedd yn bwysig go iawn.

Roedd gan Margo wastad gartref hardd a dillad oedd yn gorwedd yn dda ar ei chorff heini. Ond doedd yna ddim byd yn gweiddi 'Sbïwch arna fi' yn faterol amdani hi. Doedd yna ddim perffeithrwydd a dim cuddio 'llanast bywyd' yn fygiau budr neu sypiau o lyfrau ar eu canol. Roedd ei heddwch hi'n dawelach, fel ei llygaid glas lliw *topaz*, glesni sydd mewn awyr ysgafn heb fod yn rhy boeth.

O dan alaw'r *bagpipes,* roedd y fegin i'w gweld yn gwneud ei gwaith yng nghesail yr offerynnwr. Roedd yr ymdrech yn fy atgoffa i nad oedd bodlonrwydd Margo yn rhywbeth y dylwn i ei gymryd yn ganiataol. Roedd hi'n stad y gweithiai hi'n galed i'w chynnal, drwy fod yn bresennol, drwy roi amser iddi hi ei hun i fod yn yr awyr iach a thrwy gyswllt gofalus efo'r bobl yn ei bywyd. Roedd cadw ei hun yn fodlon yn rhywbeth nad oedd byth yn dod i ben – roedd yn rhaid gweithio arno a'i dendio.

Pan ddaeth y dementia, roedd yna ddigon o fodlonrwydd yn stôr gan Margo fel nad oedd yna wên fyth yn bell o'i gafael. Y tawelwch yna olygodd fod dwy weithwraig gefnogi o'r cartref gofal lle treuliodd Margo ei blynyddoedd olaf wedi gyrru, ar ddiwrnod o'u gwyliau, o gyffiniau Caerfyrddin i Lanfair Caereinion i dalu gwrogaeth iddi. Fe glywais un yn dweud wrth Jean, 'Roedd hi'n fraint cael gofalu am dy fam. Roedd hi'n ddynes arbennig.'

Daeth y teyrngedau ffurfiol a'r cofio am werthoedd dwfn o gyfiawnder, tynerwch, pwysigrwydd chwerthin a pherthyn. Perthyn drwy iaith, drwy flynyddoedd o wersi ac ymarfer y Gymraeg, drwy fod yn weithgar yn ei chymuned a bodloni bod popeth yn iawn os ydyn ni mewn perthynas heddychlon efo ni'n hunain.

Mi alwodd y *bagpipes* ni i godi a dilyn Margo allan o'r

capel ac i fyny'r elltydd am y fynwent. Roedd y tynnu am i fyny yn teimlo'n braf, yn arafu'r sgwrs ac yn gofyn am anadlu mwy pwrpasol. A'i theulu oll o'i chwmpas, fe ddaeth y cariad drwy'r arch wiail i sibrwd nad oes 'na ddiwedd, dim ond newid ffurf.

Roedd fy nghoesau'n llosgi wedi'r ymdrech a 'nghalon i'n llenwi fel megin y *bagpipes* yn gwybod fod yna fwynder o dan bopeth, dim ond i mi gofio chwilio amdano fo.

Ddechrau mis Hydref, dwi'n gafael yn y pecyn glas, yn crafu 'mhen lle alla i ei gadw'n saff tan y gwanwyn heb i mi anghofio amdano fo. Mae pys pêr yn un o fy hoff blanhigion, ac mi fyddai eu plannu mewn potiau yn fy iard gefn yn sionci'r sgwaryn erbyn yr haf.

Dwi'n ailfeddwl ac yn cofio fod heddwch yn rhywbeth sydd angen ei ffeindio, ac felly dwi'n penderfynu eu plannu nhw'n syth. Dwi'n cofio am ddau *lampshade* gwydr fel clychau ben i lawr sydd gen i o gartref fy rhieni ac yn penderfynu gosod y rhain fel cysgod am y potiau tu allan. Mae yna wythnos o godi'r clychau gwydr i ddyfrio'r pridd nes i lesni'r egin ddod i'r golwg. Yn y codi pen o'r pridd dwi'n teimlo cynhesrwydd yn symud drwy fy nghorff, ac er bod y paced hadau efo llun Margo wedi cael ei ailgylchu, dwi'n ei weld yn glir.

Mae'r hadau'n mynd o nerth i nerth a ddim yn bell o gyrraedd hynny o le sydd yna i dyfu o fewn y cysgod a hithau'n ddim ond dechrau mis Tachwedd. Dwi'n poeni y gwnân nhw wywo o gael eu cadw allan dros fisoedd caled y gaeaf heb gysgod. Mae'r gofid yn tyfu dros yr heddwch, ond dwi'n ochneidio fel y *bagpipes* ac yn gadael i lif fy meddwl dawelu.

Dwi'n fodlon ar yr hyn sydd, yn y foment yma. Diolch, Margo, am ddod â glesni clên i fôr fy mywyd.

Ymarfer: Ynys Bodlonrwydd

- Dychmygwch eich bod chi'n teithio ar gwch hwylio i ynys sy'n addo bodlonrwydd.
- Rhowch amser i ystyried beth ydi bodlonrwydd i chi; er enghraifft, dwi'n ei deimlo fel y gallu i fod yn gynnes o fy nghalon, heb unrhyw emosiwn tanbaid. Mae 'nghorff i'n ei deimlo fel y gallu i ymlacio'n braf ac yn ddiogel. Mae'n deimlad o fod yn gyfforddus efo unrhyw ganlyniad.
- Dychmygwch dirwedd yr ynys, ei hamgylchfyd a'i phobl.
- Sut mae'r tywydd yno?
- Pa fath o weithgareddau allwch chi eu gwneud yno er mwyn bod yn fwy bodlon eto?
- Dewiswch un unigolyn i'ch tywys o amgylch yr ynys a'ch cynefino â hi. Fel y gallwch chi ddychmygu, Margo ydi ceidwad yr ynys yma i mi a hi fydd yn fy hyfforddi ar sut i fyw'n fodlon yno. Mae Margo yn fy nghroesawu efo paned o Earl Grey. Ac er ei bod hi'n gynnes braf ar fy ynys i, dyma'r ddiod sy'n fy setlo'n berffaith.
- Nodwch eich atebion i'r cwestiynau isod.

Cryfder

Ddaeth y cysylltiad rhwng ymarfer corff a bod yn fodlon ddim i'r amlwg i mi tan y degawd diwethaf. Dwi wastad wedi gweld ymarfer corff fel 'gwaith' – un ai i drio colli pwysau neu i drio bod yn iach. Ar ôl y brwdfrydedd cychwynnol, roedd o'n mynd yn drech na fi. A drwy beidio dyfalbarhau, doeddwn i ddim yn gweld newid yn fy hwyliau. Rhywbeth i deimlo'n euog amdano oedd ymarfer corff.

Dwi'n falch ofnadwy o ddweud fod hynny wedi newid yn syfrdanol dros y tri mis diwethaf. Dwi wedi bod yn derbyn hyfforddiant personol ar godi pwysau gan Alys Williams mewn *gym* ym Mhen-y-groes. Ia, Alys y llais melfedaidd, Alys y caneuon sy'n cyffwrdd eneidiau pobl, ond i mi Alys yr anogwraig cryfder heb ei hail. Mae ganddi'r gallu i hoelio fy sylw fel bod gwrando ar ei chyfarwyddiadau'n treiddio'n ddwfn i fy symudiadau. Mae'n rhoi ffydd i mi fynd tu hwnt i unrhyw ofn a darganfod cryfder drwy fy nhraed. Y daearu yma sy'n ateb ysgwyd neu wegian yn fy nghyhyrau, a dwi wedi dechrau ei ddychmygu o tu hwnt i'r *gym*.

Os nad ydych chi'n gallu meddwl pwy ydi Alys, wel mi dria i ei disgrifio orau galla i. Mae hi'n ddynes drawiadol, efo gwallt a llygaid tywyll ac o daldra cyffredin, ond ei hegni sy'n unigryw. Mae fel tasa yna wreichion yn tasgu ohoni sy'n gwneud i chi deimlo fod y byd o'ch cwmpas yn diflannu. Ei gallu i wrando sy'n arbennig. Mae ei llygaid hi'n llowcio'r wybodaeth, ac yna mae hi'n llonyddu, cyn ateb sy'n profi ei bod hi wedi ystyried pob sill yn drwyadl.

Deall am wasanaeth Alys ar Instagram wnes i – yr ap sy'n rhoi'r wedd orau ar fywydau unigolion. Ond roedd delweddau Alys yn fwy real rywsut a'r negeseuon yn sôn am gryfder sy'n deillio o fod mewn heddwch efo'r byd.

Mi o'n i wedi sylwi bod cario bagiau siopa yn mynd yn anoddach a bod codi fy nghi i ben giât i gael 'mynediad answyddogol' i safle bendigedig Cadw gerllaw fy nghartref wedi mynd yn straen (dwi wedi dysgu bod gofyn am faddeuant yn hytrach na chaniatâd weithiau'n hwyluso bywyd).

A finnau yng nghanol fy mhumdegau, doeddwn i ddim am i'r sefyllfa ddirywio. Dwi'n sylweddoli fy mraint yn gallu fforddio derbyn y gwasanaeth hwn unwaith yr wythnos, ond dwi'n gwybod ei fod o'n gymaint llai na'r hyn fyddwn i'n ei wario taswn i'n dal i yfed alcohol ac yn mynd allan i yfed efo'r un cysondeb. Ac fel merch efo hanes o osteoporosis yn y teulu, dwi'n gwybod mor allweddol ydi magu cryfder er mwyn heneiddio'n iach.

Mae hi'n daith chwarter awr yn y car i gyrraedd y *gym* ar stad ddiwydiannol fel pob un arall ar hyd a lled Cymru. Ond yr hyn rydw i wedi dechrau ei wneud ydi gwerthfawrogi'r daith fel paratoad ar gyfer y buddsoddiad yn fy iechyd. Dwi'n dewis cerddoriaeth, podlediad neu *audiobook* yn bwrpasol cyn tanio'r car a hyd yn oed yn mynd â phaned efo fi i werthfawrogi bod hwn yn amser o foddhad i mi yn unig.

Mae yna olygfeydd syfrdanol o'r Eifl, y môr yn gloywi ar y dde i mi, ac yna Dyffryn Nantlle efo'i ryfeddod a'i harddwch wrth mi gyrraedd y pentref. Weithiau mae hwyliau negyddol yn gallu treiddio i'r cyfnod yma, ac wedyn mi fydda i'n chwarae gêm o chwilio am bethau i fy syfrdanu er mwyn codi fy nghalon. Mi fydda i'n dweud rhywbeth tebyg i, 'Reit, bydysawd, dangosa i mi pa mor ffodus ydw i a bod yna bethau wedi'u cynllunio yn arbennig i mi ddotio atyn nhw!'

Dylanwad gwrando a darllen gwaith Louise Hay ydi hyn fwyaf. Dynes o America ydi hi ac mae hi wedi sefydlu cwmni cyhoeddi i rannu deunyddiau ar sut i fyw yn fwy bodlon ac i annog pobl i oresgyn heriau. Oedd, mi oedd clywed ei mantras hi'n chwithig i ddechrau, ac mi oeddwn i reit feirniadol o'i 'lol Americanaidd hi'. Ond, dros amser, mi ddaeth y meddylfryd tyner yma'n ffordd o leddfu fy ofnau.

Ac wedi i mi holi'r bydysawd am dystiolaeth o'r 'rhyfeddodau' o 'nghwmpas, yn ddieithriad mae yna farcud yn dod i'r golwg, *number plate* difyr ar gar, neu hyd yn oed fflachiadau gan gerbyd i fy rhybuddio bod yr heddlu'n mesur cyflymder ar ben pont, a dwi'n ffeindio bendith drwy fod yn ddiolchgar.

Wrth wrando o ddifri ar y ddynes efo'i llais ysgafn, mae yna rywbeth yn llacio yn fy meddwl a fy ysgwyddau. Os edrycha i'n slei yn nrych y car, mi wela i gysgod gwên yn ffurfio sydd jyst yn ddigon i mi droi'r gornel o fod yn teimlo'n hunandosturiol. Ac wedyn dwi'n gallu edmygu fy hun am wneud yr ymdrech i yrru draw i'r *gym* yn lle cuddio yn fy ngwely, ac mae hynny'n rhyddhau mymryn mwy eto o dristwch.

Weithiau, mi a' i gam ymhellach a dweud, efo 'nhafod yn fy moch, 'Ti 'di gneud mor dda yn gyrru draw 'ma, ond wnest di ddim cribo dy wallt a wnest ti ddim sylwi ar y staen ar dy dop. Ond does ddim rhaid i ti hyd yn oed drafferthu mynd i mewn i'r *gym*.'

Nid llais Myfi fy meddwl ydi hyn ond fi'n chwarae gêm o fod yn Myfi, ac mae yna ddireidi yn hynny. Unrhyw bryd y clywa i awgrym o 'does ddim rhaid', mae hi'n ei gwneud hi'n gymaint haws ei wneud o rywsut. A heb imi ddallt, dwi'n agor y drws efo brwdfrydedd, yn camu i mewn i'r *gym*, a daw gwên gan Alys i ysgafnhau popeth.

Mae busnes Alys, o dan yr enw Cryf, yn canolbwyntio ar gryfder yn gyntaf cyn meddwl am drawsffurfio gwedd y corff, ac mae hyn yn awyr iach i mi. Mi ydw i'n dod o genhedlaeth lle'r oedd cymdeithas yn ceisio argyhoeddi merched mai drwy fod yn denau yr oedd teimlo'n braf yn y byd. Ac fel merch efo hunan-werth isel, mi geisiais i fachu hyder o'r addewid gwag hwn.

Cynnig nerth i newid y ffordd rydyn ni'n byw y mae Alys, a sylweddoli'r grym dwfn sy'n bodoli ym mhob un ohonon ni pan fo angen gwirioneddol wynebu rhwystrau. Y pŵer arallfydol sy'n galluogi mam i godi car sydd wedi cau ar ben ei phlentyn neu, yn fy achos i, y gallu i fynd i mewn i gyfarfod deuddeg cam a gofyn am help efo fy alcoholiaeth.

Mae brwdfrydedd Alys at godi pwysau yn heintus, ac mae'n rhannu profiadau am sut mae wedi gweddnewid ei hyder a'i hagwedd at fywyd. O fewn munudau, mi o'n innau'n trafod materion dwfn fy mywyd heb swildod, achos mae yna rywbeth greddfol yn clicio o sylweddoli bod rhywun mewn cwmni saff.

Dydi bod yn amlwg gyhyrog erioed wedi apelio ata i, ond erbyn hyn mae yna fymryn mwy o ddiffiniad yn fy nghorff ac, yn bwysicach fyth, mae faint o bwysau y galla i eu codi yn cynyddu hefyd. Mae'r wefr o estyn am bwysau trymach wrth lwytho'r peiriannau yn rhoi boddhad i mi ac yn arwydd clir 'mod i'n llwyddo.

Mae yna heddwch cynnes o gwmpas Alys ac er bod y *gym* wedi'i pheintio'n ddu a choch 'gwrywaidd' ei naws, meddalwch ysgafn dwi'n ei gysylltu efo bod yno. O'r cychwyn cyntaf, mae hi wedi pwysleisio'r angen i ddefnyddio anadlu allan i yrru symudiad sy'n gofyn am gryfder. Mae o'n dod yn reddfol i mi erbyn hyn, a does gen i ddim amheuaeth nad ydi hyn yn tawelu fy system nerfol ac yn creu diogelwch mewnol yn fy nghorff.

Ac er nad ydw i'n gyfforddus mewn dillad Lycra tyn, dydw i erioed wedi beirniadu fy nghorff yno. Mae fy ffocws ar y cyhyrau ac ar deimlo'r nerth, nid edrych ar y darnau wobli o fraster. Dwi'n cael cyfarwyddyd i deimlo o safbwynt y cyhyr dwi'n gweithio arno, ac mae hynny'n dileu unrhyw boeni am *cellulite*. Mae'r dillad yno i ganiatáu symudiad rhwydd, nid i ddangos siâp. Dwi'n ddigon di-lun ar y gorau, a dydw i ddim isio bachu a baglu yn y peiriannau efo dillad llac.

Dydi'r pwysau dwi'n eu symud drwy beiriannau o bob math ddim yn dod yn hawdd, ond mae negeseuon clir Alys yn fy nghadw i'n bresennol. Mae ganddi ffordd greadigol o egluro'r dechneg, un sy'n gwneud synnwyr llwyr i mi, 'Reit, Iola, wrth iti godi a gollwng y bar, dwi isio i ti ddychmygu cau drws car efo dy ben-ôl a chadw dwy danjarîn dan dy geseilia.'

A does yna byth geryddu blin, dim ond atgoffa bach pwrpasol a thyner. Ers i mi ddechrau'r sesiynau, mae Alys wedi tynnu fy sylw at y ffaith 'mod i wastad yn cynnig 'sorri' ar bob cyfle posib, a doeddwn i ddim yn ymwybodol faint oeddwn i'n gwneud hynny'n ddifeddwl. Dwi'n ymddiheuro am fy modolaeth heb wneud dim o'i le, ac mae hyn wedi achosi tristwch mawr i mi. Dwn 'im oedd pobl eraill wedi sylwi ond, yn dristach fyth, doeddwn i ddim wedi deall mor aml roeddwn i'n gwneud hyn.

Mae Alys yn ei ddweud o efo ysgafnder a dwi ddim yn siŵr ydi hi wedi deall y grym mewnol mae hi wedi'i drosglwyddo wrth ddweud yn annwyl, 'Does ddim isio i chdi ddeud sorri, siŵr.' Ond, fesul dipyn, mae'r 'sorri' wedi lleihau, yr ymdeimlad mai 'dysgu dwi' yn dod yn gryfach ac nad oes yna ddim disgwyl i mi gael pob dim yn iawn heb ymarfer.

Mi oeddwn i am ddweud 'perffaith', ond mae byw drwy ddeuddeg cam adferiad wedi fy ysbrydoli i weld y gwendidau sydd mewn 'perffeithrwydd'. Mae unigolion, teuluoedd a ffrindiau yn mynd ar goll wrth ymdrechu am berffeithrwydd, a dim ond oerni sydd ynddo i mi. Yr angen am 'berffeithrwydd' sydd wrth wraidd beirniadaeth a chwerwder, yr elfennau sy'n ffyrnigo anhwylderau iechyd meddwl o bob math, gan gynnwys dibyniaeth. Daw cyrraedd 'perffeithrwydd' yn gyfiawnhad am bopeth ac yn rheswm dros fyw mewn diflastod. Mae'n gas gen i glywed rhywun yn canmol 'perffeithrwydd' achos mae yna bris am fod yn y lle hwnnw, a dydw i ddim yn fodlon dioddef ar ei gyfer. Os oes yna ffordd haws sydd am agor lle i mi fod yn fwy bodlon fy myd, wel mi gymra i'r 'digon da' bob tro.

Er nad ydi Alys yn rhoi pwysau (doeddwn i ddim yn trio!) arnaf i wthio fy hun ymhellach, mae hi wastad yn synhwyro os oes gen i fwy i'w gynnig, 'Gin ti fwy yn y tanc, 'does?' Wrth i Alys awgrymu hynny, mae'n debyg bod Myfi isio dod yn rhan o'r fuddugoliaeth hefyd, achos y llais dwi'n ei glywed yn fy mhen ydi, 'Elli di neud hyn!' Nid Myfi gas ond un gleniach, mwy o Myfanwy, efallai, sy'n awgrymu, 'Ma trio yn ddigon, ti'm yn gorfod llwyddo!'

Dan anogaeth felly, mae cywilydd yn cael ei gadw hyd braich, yn rhoi digon o gyfle i mi fachu syniad caredig amdanaf fy hun a dyfalbarhau. Cynyddu'r pwysau i ddatblygu cryfder ond lleihau nifer yr ymarferion ydi mantra Alys, ac mae hynny'n teimlo fel *win win*.

Dwi'n cofio sgwrs efo Alys yn ein sesiwn cyntaf a hithau'n

egluro pam fod codi pwysau mor dda i'n hiechyd meddwl ni. Mae gwyddonwyr wedi darganfod yn ddiweddar fod *dopamine* cwbl unigryw, sydd heb ei enwi'n benodol eto, yn cael ei ryddhau wrth godi pwysau. Y *dopamine* ydi'r elfen allweddol yn system wobrwyo'r ymennydd, yn ein cefnogi i ddyfalbarhau mewn gweithgarwch cymdeithasol, yn ein hannog i gofio gwybodaeth a dysgu pethau newydd ac efallai, yn bwysicach fyth i mi, yn sefydlogi ein hwyliau a'n hymatebion emosiynol.

Dwi ddim yn meddwl bod y *dopamine* yn *exclusive* i awyrgylch *gym* yn unig. Mae codi unrhyw bwysau – boed hynny'n siopa, plant, cŵn neu godi cerrig i wal sych – yn ei ryddhau: y 'gwaith go iawn' sy'n deillio o lafur symud ein cyrff efo tasgau ymarferol neu, yn fy achos i, o fynd â llanast sydd wedi'i hel yn y tŷ i ganolfan ailgylchu.

Yn yr hyfforddiant efo Alys, mae fy nghorff, ac yn bwysicach fy ymennydd, yn canfod y *dopamine* yma wrth i mi ymdrechu a chanolbwyntio ar godi pwysau. Dwn 'im faint o weithiau dwi wedi dal fy hun yn gwenu yn y drych wrth godi pwysau, nid ar sail unrhyw elfen o edmygedd corfforol (mae bol tair genedigaeth *Caesarean* yn rhwystro hynny), ond o'r hapusrwydd pur sy'n deillio o'r ymdrech.

Pan fydda i'n hyfforddi ar fy mhen fy hun, efallai nad ydw i'n gallu cyrraedd y man hwn mor hawdd ag ydw i dan ofal Alys, ond mae o'n digwydd rywbryd yn ystod pob ymweliad â'r *gym*. Mae o dipyn bach fel yr *hit* o flasu cegaid o win ar ddiwedd diwrnod erstalwm, ond does 'na ddim peryg o gael llanast alcoholig efo hwn.

Diolch, Alys, am roi cryfder llawer mwy na'r un o gyhyrau yn unig ac am ddysgu i mi fod heddwch a hapusrwydd hefyd yn rhywbeth y galla i eu hymarfer.

Ymarfer: Adnabod eich gallu i ysgafnhau beichiau

- Isod, ysgrifennwch restr yn crynhoi'r pethau sy'n teimlo'n drwm yn eich bywyd. Mi allan nhw fod yn fân bethau, fel anghofio mynd â bagiau efo chi i siopa bwyd, i ofidiau llawer mwy, megis pwysau gwaith, teulu neu bryderon am iechyd corfforol a meddyliol.
- Trowch y beichiau'n sgiliau y mae angen eu hymarfer i godi'r pwysau, er enghraifft, cofio bod angen rhannu cyfrifoldebau neu ofyn am gefnogaeth.
- Yn y ddelwedd uchod, mae un bys yn ddigon i godi'r pwysau. Ysgrifennwch eiriau neu ymadroddion sy'n crisialu eich gwir *super power* chi i godi pwysau eithriadol o drwm, er enghraifft, 'Dwi'n gweld y gorau ynof fy hun; dwi'n dal i fynd drwy bopeth; dwi'n hyderus y gallaf ymdopi; mi ydw i wedi goroesi pob her hyd yma.'
- Mi allwch chi fod yn Louise Hay eich hun, yn ailadrodd y mantras yma pan nad ydi'ch hapusrwydd chi ddim cweit lle'r hoffech chi iddo fod. Ac os ydych chi, fel roeddwn i ar y dechrau, yn wfftio'r syniad ac yn rhyw gilwenu wrth feddwl am wneud hyn, mae yna newid cyweirnod wedi digwydd yn eich hwyliau chi ac mae hynny'n gychwyn penigamp! Unrhyw bryd fyddwch chi'n cerdded, yn mynd ar feic neu ar unrhyw ffurf ar

drafnidiaeth, dywedwch y mantras yn uchel, neu eu sibrwd nhw'n ddistaw bach os oes yna deithwyr arall o'ch cwmpas chi. Efallai y bydd yna bobl yn edrych yn gam arnoch chi, ond mi fyddwch chi wedi dechrau cymryd cyfrifoldeb am godi'ch hwyliau eich hun, ac mae hynny'n rhywbeth i'w edmygu.

Dotio

Dwi'n caru'r gair 'dotio', a dyma wnes i ei deimlo wrth weld Erin am y tro cyntaf. Roedd hi bythefnos yn hwyr yn cyrraedd, wedi genedigaeth anodd a thriniaeth *Caesearean* frys i sicrhau taith saff iddi i'r byd. Roedd hi'n berffaith ac mi wnes i wirioni'n syth.

Dwi'n dallt fod pob mam (na, mae yna ormod o orgyffredinoli ffwrdd-â-hi yn fanne) neu'n hytrach fod y *rhan fwyaf* o rieni yn gweld eu babis fel y pethau harddaf ar wyneb daear. Ond taswn i'n bod yn hollol onest, mae yna ffasiwn beth â babis diolwg a hyd yn oed hyll, ddim 'mod i wedi cael 'run o'r rheini! Mi allwn ni weld babis, pobl a'r byd drwy lens o'n dewis ni ein hunain, achos mae yna gymaint mwy iddi na gorfodi ein hunain i weld y gorau. Tase hi mor hawdd â hynny, mi fydden ni i gyd yn dawnsio drwy fywyd yn llon.

O'r cychwyn cyntaf, roedd gan Erin ffordd o graffu ar lygaid pobl oedd yn gafael amdani hi fel tasa hi'n asesu eu henaid nhw. Mae gen i lun y bydda i'n ei drysori am byth ohoni'n gwneud yr union beth i mi, a dwi'n codi ei llaw at fy ngheg ac yn cusanu'r bysedd bach. Mae fy mlows ar agor yn flêr, a minnau'n dal i straffaglu efo'r bronfwydo, ond mae'r cyswllt a'r dotio yn ddiamheuol o amlwg. Mi wnaeth Erin fy ngorfodi i graffu ar yr hyn oedd yn bwysig go iawn. Nid craffu ar y flows yn staeniau llefrith a llanast tŷ heb drefn, ond ar y cariad, cariad oedd yn dileu pryderon byd ac sy'n llonyddu amser. Cariad lle mae ysgwyddau'n ymlacio, gwres yn dod o'r galon a theimlad o fod mewn byd o ddimensiwn dyfnach na rwtîn, morgais, blinder a chlytiau drewllyd.

Yn fuan ar ôl tynnu'r llun, a hithau'n ddim ond pythefnos oed, mi ddechreuodd hi wenu. Ar fy marw! Dwi'n gwybod bod rhieni'n dotio, a hynny'n arbennig efo'r babi cyntaf, ond nid gwên gwynt oedd hi. Roedd hi'n gwenu o'i llygaid, ac mi allwch chi ddychmygu bod yr edmygu a'r dotio yn ddi-ben-draw wedyn.

Pan oedden ni'n mynd â hi am dro, byddai dieithriaid hefyd yn dotio ati, ac yn gwneud sylwadau fel 'Dydi hi fatha babi dol o dlws!' Roedd y ffeminist ynof fi wastad yn ffeindio'r sylw yma'n wrthun, achos nid hogan fach oddefol oedd hon yn mynd i fod. Mi fyddai hi'n lleisio'i hanghenion, yn gryf, yn dychmygu unrhyw ddyfodol posib, heb boeni am fod yn ddim ond addurn fel dol.

Ydw, dwi'n dal i'w gweld yn hardd ryfeddol, ond yr harddwch mewnol sy'n tywynnu o Erin. Mae yna bwyllo o'i chwmpas hi, a gan ei thad mae hi wedi'i etifeddu – dwi'n cyfaddef hynny heb unrhyw amheuaeth. Gall y gwaelod cadarn yma ei chynnal hi drwy gymaint: o ddelio efo sialensau dysgu mewn ysgol uwchradd i boen a phryder tyfu efo mam alcoholig.

Mae Erin yn barod iawn ei gwên hyd heddiw ac yn naturiol siriol ym mhob sefyllfa. Mae pobl yn cael eu denu ati achos ei bod hi mor bositif. Gall siarad a chynnal sgwrs efo unrhyw un heb chwithdod ei mam, gan fod â diddordeb brwd heb ffalsio.

Hawlia Erin mai hi ydi'r ffefryn gan y neiniau a'r teidiau, ac mae Mared a finnau'n gadael iddi ddamcaniaethu. Er bod yna dynnu coes, rydyn ni i gyd yn fodlon cydnabod bod yna wirionedd yn hynny, achos, fel mae fy mam fy hun yn ei ddweud o hyd, 'Un dda 'di Erin!'

Mi ddotiodd un hogyn ifanc arni hi wedi'i chyfarfod yng Nglan-llyn, ac eleni mi fydd Erin a Gwion yn priodi. Dydi dweud 'mod i wedi gwirioni ddim yn cyfleu'r cynnwrf. Mae'r ddau mor annwyl efo'i gilydd, ac eto'n parchu eu hannibyniaeth unigol, a dwi'n gwybod y bydd hon yn briodas gadarn a chariadus. Er gwaethaf fy mhrofiadau personol o sawl perthynas yn chwalu, dwi'n falch o gyfaddef nad oes gen i ddim sinigiaeth at briodas. Mae'n ddelfryd sy'n cefnogi teuluoedd i fyw ar eu gorau efo digon o ras, gonestrwydd a ffydd.

Pan ofynnodd Erin i mi a oeddwn i am fynd efo hi i ddewis ffrog, roedd y dotio'n anhygoel. Mae hi wedi 'ngweld i ar fy ngwaethaf, ond roedd y gwahoddiad i fod yn rhan o broses mor bleserus, wedi'i wneud efo ffydd na fyddwn i'n chwalu nac yn amharu ar y diwrnod, yn un o uchelfannau fy sobrwydd.

Y peth cyntaf wnes i oedd prynu cylchgrawn priodas i gael syniad o'r hyn oedd y ffasiwn ddiweddaraf ac i Erin gael pori drwyddo. Dwi'n un am gylchgronau, ond ydych chi wedi gweld y prisiau ynddyn nhw? Mae pob agwedd o briodas yn gyfle euraid i wneud pres, mae'n debyg, ond na, fyddai hyn chwaith ddim yn taflu'r cysgod lleiaf drosta i.

Efo paned, dyma gyfle i gael sbec sydyn cyn rhoi'r cylchgrawn i Erin i freuddwydio a dychmygu ei diwrnod mawr. Wnes i ddim priodi mewn gwyn ond yn hytrach mewn sgert dartan sidan las, gwyrdd a choch, a thop glas i fatsio. Doeddwn i ddim isio cydymffurfio efo twyll cymdeithasol a hawlio 'mod i'n 'forwyn' o ran fy mhrofiadau rhywiol nag o ran rhedeg i ddynion.

Oeddwn i'n gwneud safiad yn hytrach na dilyn fy nghalon? Oeddwn, siŵr o fod, ond dim ond tri deg mlynedd yn ddiweddarach ydw i'n gallu cyfaddef hynny. Dwi'n dal i feddwl: sgwn i ga' i rywbryd wisgo ffrog briodas wen? Dwi'n atgoffa fy hun nad fy sioe i ydi'r bennod hon yn fy mywyd ac nad drwy ramant arwynebol dwi'n mynd i wireddu fy nyheadau dyfnaf. Ond eto, mae'n iawn i mi freuddwydio y ca' i briodi eto efo ffrog a gwallt gwyn i fatsio hefyd!

Roedd y ffrogiau ysblennydd yn y cylchgrawn yn syml a chwaethus, ac roedd yna rai dros ben llestri, Disneyaidd, hyll. Ond fy mhryder mwyaf oedd y byddai Erin yn teimlo'r awydd i fynd am ffrogiau fel dillad isaf efo mymryn o les drostyn nhw. Ei dewis hi fyddai'r ffrog, ac mi fyddwn i'n dotio arni ac yn cau fy ngheg os oedd gen i amheuaeth. Fyddai hyn ddim yn dod yn hawdd i mi, ond mi allwn i frathu 'nhafod ar achlysur pwysig fel hwn.

Ar y dydd Sadwrn tyngedfennol dwi'n dacsi i Erin, ei chwaer Mared, fy nghyfnither anwylaf ar wyneb daear, Lleucu, a ffrind sy'n un o fil ac sy'n gymdoges werth chweil, Elin. Mae yna ffrind triw sydd â llygad am steil yn teithio ar drên o Gaerdydd i'n cyfarfod yng Nghaer, a dwi'n gwybod y bydd Meinir yn siŵr o godi unrhyw amheuon os oes yna ormod o fflyff a les yn rhan o'r ffrog. Dydw i erioed wedi cyfarfod neb sydd wastad yn edrych mor dda ym mha ddillad bynnag mae hi'n ei dewis ac, yn bwysicach fyth, mae hi'n drysor o hogan.

A dyma'r criw sy'n cychwyn am ddau apwyntiad trio ffrogiau priodas. Rydyn ni'n gorfod talu am y fraint o ymweld ac mi fydd yna Prosecco, a choffi i mi, ac mi fydd yna hwyl. Dwi wedi dewis fy ngwisg ar ôl lot o bwyso a mesur o flaen llaw, ond mae'r tywydd wedi troi, ac er nad ydi'r bŵts yn edrych cystal â'r sandals platfform oren, dydw i ddim yn styrbio dim. Yma i dystio i'r dewis ydw i, ond dwi am i Erin ddeall 'mod i'n gwneud ymdrech a'i fod o'n bwysig i mi.

Dwi wedi trefnu *playlist* ar gyfer y siwrnai, ond mae yna

ormod o chwerthin ac adrodd straeon i gymryd sylw o'r caneuon. Dwi'n cymryd fy rôl tacsi o ddifri, yn gwrando, a dim ond gwenu ar y chwerthin a'r tynnu ar ei gilydd a'r cynhesrwydd: Erin yn y blaen, Mared yn y cefn. Dwi'n saff ac mae yna ddagrau hapus yn codi i'm llygaid. Dwi'n gwybod eu bod nhw'n sylwi, ddim Elin a Lleucs, ond dwi'n cael llonydd i fod fel rydw i – yn dotio fel mam.

Ar gyrion Caer mae'r siop gyntaf, ar stryd efo siopau annibynnol chwaethus. Dwi wedi rhoi gwybod i Erin mai fi fydd yn talu am y ffrog ac rydyn ni'n cytuno ar swm, ond eto dwi isio iddi gael un sy'n mynd â'i bryd. Mae'r busnes gosod ffiniau yn anodd, ond dwi'n falch imi beidio cynnig addewid gwag iddi ddewis heb amod. Dydw i ddim angen poeni achos mae Erin yn gall, a dwi'n cael gair cadarn efo mi fy hun na fydd unrhyw beth yn tarfu ar heddiw.

Cawn ein tywys o amgylch y siop ac mae'r weinyddwraig yn trin y ffrogiau fel trysor fydd yn selio diwrnod perffaith Erin a Gwion. Mae'n disgrifio'r deunyddiau a'r lliw, ond y syndod mwyaf i mi ydi sylwi mai un maint sydd ar gael a bod yn rhaid gwneud y tro efo 'dychmygu' y ffrog ar ei gorau. Does yna ddim perffeithrwydd, hyd yn oed mewn siop ffrogiau priodas – a dwi'n falch.

Mae Erin yn cael deuddeg peg pren mawr i'w gosod ar y ffrogiau sy'n apelio ati hi ac rydyn ni, fel pedwar cynghorydd answyddogol, yn lleisio ein barn. Mae Elin, fel yr un ddireidus, yn mynnu ein bod ni'n dewis un am hwyl ac mae yna ddiniweidrwydd yn ein mwydro.

Rydyn ni'n cael ein tywys i ystafell fechan olau a braf efo hen le tân clyd. Mae Erin yn cael cilio i ardal wisgo yn y gornel, a'r weinyddwraig yn gwneud sioe fawr o agor a chau'r cyrten. Rydyn ni'n gwichian ein rhyfeddod ar olwg gyntaf pob ffrog ac wedyn mae yna elfen o ddadansoddi realistig yn dod. Mae yna ddefnydd sy'n rhy denau, staes rhy gadarn, gwddw rhy feiddgar, ond mae'r pocedi yn y ffrogiau'n mynd â bryd Erin bob tro!

Wedi chwerthin ar ffrog hwyl Elin, rydyn ni'n gadael efo sioc fod yr un orau ddwywaith pris ein cyllideb ni. Dwi'n meddwl sut alla i ennill gwaith yn sydyn i bontio'r gwahaniaeth, ond mae Erin yn bwyllog braf ac yn bendant nad oes angen gwario'n 'ridicylys'.

Cyn mynd dwi'n holi am doilet, ac mae drws y siop yn dod i gyfarfod yr ystafell folchi'n chwithig. Ar y ffordd allan mae ewin fy mys canol yn bachu yn un drws a'r llall yn cau yn glep amdano. Mae'r clais yn codi'n syth a 'nagrau i'n neidio efo'r boen. Ond diwrnod o ddotio ydi hwn, nid crio; felly dwi'n gwenu. Ac er bod fy nwy ferch, sydd wedi dysgu gweld gwirionedd tu ôl i flynyddoedd o dwyllo, 'Na, dwi'm 'di yfed!' yn gweld 'mod i'n cuddio, dwi'n gallu eu hargyhoeddi nhw 'mod i'n iawn.

Mae yna wledda cyn yr ail apwyntiad – y cwmni a'r bwyd yn fendigedig. Dwi isio crio eto achos 'mod i mor hapus, ac mae yna godi i'r toilet efo 'nwylo'n saff yn eu lle. Dwi'n pwyllo wrth edrych yn y drych, yn sylwi ar y masgara blêr ac yn sibrwd 'diolch' i bwy bynnag sy'n rhoi'r llonyddwch yma o 'nghwmpas i ac mae'r dagrau'n gwaethygu. Daw dynes i mewn a dwi'n gwenu'n orfrwdfrydig, ac mae'n siŵr ei bod hithau'n amau 'mod i wedi fy nal yn eithafion emosiynol y menopos.

Dydi'r ail siop ffrogiau ddim yn yr un cae â'r gyntaf. Mae'r *mannequins* yn y ffenest wedi'u gosod rywsut rywsut, ac o gamu i mewn mae yna oglau traed wedi chwysu a blerwch sy'n deillio o beidio cymryd balchder mewn gwaith. Mae'r croeso'n siabi, a does yna ddim sôn am ystafell ddynodedig ar gyfer ein criw ni. Mae hwn yn fan newid cyhoeddus i bawb, ond mae Erin yn fy rhybuddio i a'r gweddill, 'Fe wnawn ni ei gymryd o'n siriys achos dwi 'di talu a dach chi'm yn cael bod yn *rude*.'

Wedi i'r weinyddes ddod â phâr o esgidiau glas diolwg i Erin drio efo'i ffrogiau, mae ei thrwyn hithau'n codi. Ond fel efo pob sefyllfa sydd ar fin troi'n llanast, mae Erin yn ei llenwi efo gigls.

Mae'r ddynes arall sy'n trio ffrogiau yn agos iawn at fy oed i. Mae hi'n tynnu am i lawr ar ffrog fentrus, ffrog 'ddillad isa' debyg i'r rhai 'nes i eu ffieiddio yn y cylchgrawn, ac mae'n rhaid i ni i gyd ymdrechu i beidio chwerthin. O leiaf mae hi'n cael priodi mewn gwyn, dwi'n ei feddwl, ac mae ganddi gorff siapus, iach yr olwg. Mae hi a'i mam yn dotio at y ffrog a dwi'n falch drostyn nhw.

Siomedig iawn ydi'r pum ffrog gyntaf, fel roedden ni i gyd wedi amau, ond mae'r weinyddes hefyd yn dangos fod ganddi fwy o sgìl a llygad nag oedden ni erioed wedi'i ddychmygu. Mae hi'n estyn ffrog ychwanegol ac mae ein hymatebion yn llenwi'r siop efo, 'O, ma hi'n gorjys … ti'n *stunning*, Ers … hon ydi hi!'

Dwi'n crio a'r gweddill yn dod yn agos at hynny hefyd, ond mae yna lygedyn o amheuaeth gan Erin. Hwn oedd y diweddglo roeddwn i wedi gobeithio amdano. Y ffrog olaf yn taro'r hoelen ar ei phen, ond roedd Erin yn ddoethach. ''Nawn ni adael o am heddiw. Dos di adra, Mam, a gawn ni fynd allan am ddrincs cyn dal y trên.'

Mae hi'n tywallt y glaw wrth i mi gerdded at y car, a does yna ddim siom yn bygwth y diwrnod. Mae Erin yn fodlon ac yn hyderus y daw cyfle arall i ffeindio ffrog.

Bythefnos yn ddiweddarach, mae'r ddwy ohonom ni'n teithio i Rhos-on-Sea, wedi i Lleucu gael ei ffrog briodas berffaith yno. Mae'r perchennog yn rhoi cadarnhad na fydd ffrog Lleucs ymysg y rhai fydd yn cael eu harddangos.

Mae'r apwyntiad o'n blaenau ni'n cymryd mwy o amser na'r disgwyl, ac rydyn ni'n mynd am baned a chacen – fy hoff bethau yn y byd. Rydym yn taro ar hen ffrind annwyl a chyfarfod ei theulu, a dwi'n teimlo'n fodlon.

Pan ddychwelwn ni i'r siop, mae yna neges bersonol i Erin ar arwydd digidol yn y ffenest yn dymuno'i bod yn darganfod ffrog ei breuddwydion, ac mae popeth yn teimlo'n dda. Er bod yr arwydd fymryn yn taci, mae yna raen ar y siop, a chawn gyfarwyddyd i dynnu ein hesgidiau.

Gwena'r weinyddes yn annwyl wrth ein croesawu, yn gyfuniad o ddidwylledd a phroffesiynoldeb, sy'n fy atgoffa o Erin efo'i disgyblion ar faes Eisteddfod yr Urdd. Mae hi'n galw pob ffrog yn 'she', gan eu trin yn ofalgar, ac mae ganddi dri bachyn i ddidoli ffrogiau yn rhai sy'n cael eu gwrthod, eu hystyried a'u caru.

Taena ei dwylo dros bob ffrog wrth i Erin eu trio, yn eu mwytho i fod ar eu gorau, yn addasu'r maint efo clipiau, yn cymryd cam yn ôl ac yn awgrymu ategolion at y wisg. Does yna ddim brys, dim pwysau, a dwi'n codi fy nhraed oddi tanaf ar y soffa. Dwi'n trio cofio popeth am y profiad ac yn llyncu manylder yr ystafell. Dydi'r papur wal ddim at fy chwaeth i o gwbl na phincrwydd y cadeiriau, ond mae'r heddwch yn drawiadol.

Wedi i ni gyrraedd y ffrog olaf, ac Erin yn dal heb ei hargyhoeddi, mae yna estyn am ffrog 'ddirgel' o'r cefn a dwi'n dechrau amau mai dyma ydi 'tric' y siopau hyn. Pan ddaw Erin i'r golwg mae'r ddwy ohonom ni'n gwybod mai hon fydd yr un. Dwi'n dychmygu Gwion yn ei gweld hi am y tro cyntaf ar ddiwrnod eu priodas a phawb yn dotio.

Dwi'n talu blaendal ac yn cael dwy fisgeden, ac mae Erin yn dewis *lucky charm* siâp goriad. Dwi'n sleifio un i fy mhoced hefyd, achos mae yna ddrws wedi'i agor o'r profiad yma – rhyw ddiolchgarwch fod popeth fel mae o i fod heb i mi wthio, gorfodi na cheisio dylanwadu dim.

'Diolch, Mam!'

Fi sydd angen diolch am gael bod yno ac am ferch sy'n gwybod bod cyrraedd llawenydd wedi bod yn anodd efo fi fel mam. Wnaeth Erin erioed golli ffydd y byddwn i'n gwella ac mae'r diwrnod hwn wedi dod, ddim wrth brynu'r ffrog harddaf erioed, ond wrth ddewis dotio a hwylio'n obeithiol. Mae angen tacio weithiau i ddal y gwynt a gollwng angor, ond wrth ddyfalbarhau mae o'n arfer sy'n dod yn haws bob dydd.

Ymarfer: Dathlu taith newydd mewn bywyd

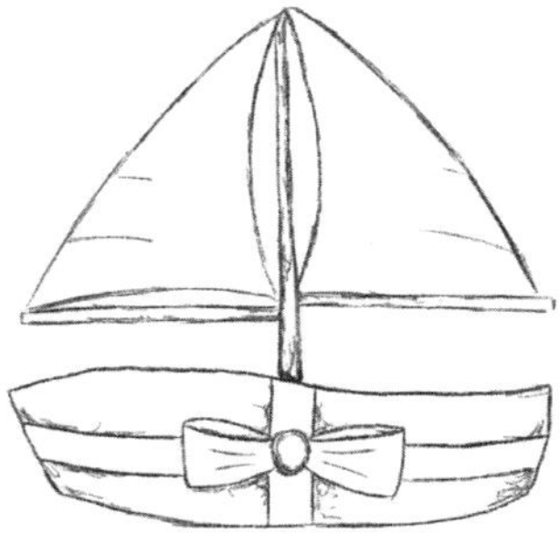

- Dychmygwch eich cwch hwylio delfrydol, boed yn fach neu'n *luxury yacht*. Ceisiwch ddychmygu ychydig o fanylion, e.e. lliw'r pren, uchder y mast, lle i eistedd neu i aros.
- Rydych chi am ddathlu bod y cwch yn barod i'w lansio yn y môr. Ystyriwch:
  - ble fyddech chi'n ei ollwng i'r dŵr?
  - pwy sy'n bwysig i chi ac sydd ar ben rhestr y gwahoddedigion?
  - pwy sydd fwyaf brwd a balch drosoch chi?
  - sut mae'n teimlo i'w gadael nhw ar y lan?
- Efallai nad meddwl am y cwch yr oedd pawb ond am eich lansio chi i fywyd hapusach. Ysgrifennwch beth fyddai eich cefnogwyr mwyaf yn ei ddymuno i chi a pham. Cofiwch fod y bobl sy'n eich caru chi'n gwneud hynny, nid oherwydd eich 'llwyddiannau' materol, ond oherwydd eich gwerth chi fel person.

Dewrder

Dwi wedi bod yn arwain cyfres o weithdai efo artist arall ar gyfer merched mewn lloches. Dydyn ni ddim yn cael clywed dim o hanesion y merched, ond dwi'n deall eu bod nhw wedi'u heffeithio mewn rhyw ffordd gan ddibyniaeth ac felly dwi'n teimlo cyswllt cryf efo nhw'n syth. Trefnir inni ymweld â'r lloches i gyfarfod rhai o'r preswylwyr a'r staff, ac i ystyried cynnwys creadigol y sesiynau.

Wrth aros i'r drws agor, dwi'n sylwi ar yr holl declynnau i sicrhau diogelwch ac yn cymryd eiliad i atgoffa fy hun pam fod y merched yma. Cawn groeso cynnes gan aelod o staff ac mae yna ferched wedi ymgasglu am baned wrth y teledu. O gael ein cyflwyno, dwi'n nabod y wal sy'n codi ar ei hunion. Mae yna asesu drwy edrychiad a meddwl pam ein bod ni yno, beth ydi pwrpas yr ymweliad, oes 'na agenda gudd? Dwi'n ceisio peidio gorwenu ac yn cadw fy mhellter yn barchus, gan adael i'r staff hwyluso'r sgwrs. Dwi'n atgoffa fy hun mai egni, nid geiriau, sy'n cyfathrebu orau mewn sefyllfaoedd fel hyn a dwi'n gosod bwriad i fod yn agored heb arlliw o feirniadaeth.

Cawn ein tywys o amgylch yr adeilad a'r ardd, ac wrth i ni grwydro ymhellach mae'r aelod o staff yn pwysleisio mor anodd ydi hi i'r merched ymddiried mewn dieithriaid. Dwi'n deall yn iawn fod hyn yn rhybudd i ni beidio disgwyl i neb i ddod i'n sesiynau, ac os daw unrhyw un yna mi fydd yn gam enfawr i'r merched.

Er bod yr adeilad yn glyd a'r staff yn annwyl, does yna ddim dianc rhag trymder yr awyrgylch. Mae yna boen fel stêm yn codi o orffennol y merched ac yn ffurfio cwmwl tywyll o'u cwmpas. O fewn dim, clywir lleisiau'n codi o gyfeiriad y gegin. Ceir edliw am ddwyn bwyd a pheidio cael cynnig mynd i siopa. Bron iawn nad oes yna awchu am ffrae i gael rhyddhau poen a gofid llawer mwy. Alla i ddim peidio â synhwyro'r rhwystredigaeth sy'n ffrwtian o dan bopeth.

Wedi i ni orffen gweld y safle cawn gynnig paned, ac mae ambell un o'r preswylwyr yn eistedd ar y soffa'n dal i led-wylio'r teledu. Dydyn nhw ddim am ddangos gormod o ddiddordeb ynom ni, ond eto mae yna chwilfrydedd ynglŷn â pham ein bod ni yno. Dwi'n egluro fy mhrofiad personol o ddibyniaeth, ac mae yna feddalu wrth iddyn nhw sylweddoli 'mod i'n deall peth o'r gwewyr. Caiff sylw bachog ei gynnig gan un o'r merched, 'You don't look like an alcoholic!'

Wrth i mi adrodd rhywfaint o fy hanes mae yna gydnabod y pethau rydyn ni i gyd yn trio'u cuddio, ond dwi'n teimlo'n galonogol wrth i ni sgwrsio'n rhwydd efo'n gilydd. Daw chwerthin achlysurol ac mae yna ryddhad i'w deimlo gan bawb.

Dros y chwe wythnos, mae un preswylydd yn ymuno'n ddeddfol, yn lleisio'i phrofiadau drwy waith pwytho, creu marciau ac ysgrifennu creadigol. Mae ei chreadigrwydd yn fyrlymus ac mae'r staff yn ei chanmol i'r cymylau. Wrth i rai o'r merched fynd heibio maen nhw'n trio osgoi dal fy llygad, a dydw i ddim isio iddyn nhw deimlo'n annifyr am beidio cyfrannu.

Ar y soffa yng nghornel yr ystafell mae yna ddynes arall sy'n gwrthod pob cynnig i ymuno, ond er ei bod hi'n dilyn rhaglen ar y teledu, mae ei sylw hi'n dychwelyd yn ôl aton ni'n gyson. Wrth ei hymyl mae aelod o staff yn cael paned, yn rhoi sicrwydd iddi. Rydyn ni'n holi ydi hi'n iawn i ni greu ar y bwrdd coffi wrth y soffas, ac mae hithau'n cytuno. Fesul dipyn, mae hi'n dod yn rhan o'r drafodaeth ac yn lleisio'i syniadau.

Dychmygu canolfan newydd ydyn ni a'i henw ydi 'Rhwng' – rhwng dau fyd o fyw'n annibynnol ac o fod angen cefnogaeth. Nid canolfan i ferched sydd wedi wynebu camdriniaeth a dibyniaeth yn unig fydd hon, ond un i bob merch sy'n wynebu newid. Fydd yna ddim stigma fel mae'r merched yn ei brofi gan y gymuned leol, a fydd dim raid i neb ddatgelu dim o'i hanes. Yn 'Rhwng' caiff pawb ddysgu o brofiadau ei gilydd a gweld y tebygrwydd yn ein profiadau er mwyn datblygu'r gallu i feithrin dewrder ac i dorri patrymau niweidiol.

Caiff y ganolfan ei marchnata fel hafan berffaith o amherffaith sy'n dathlu sut mae natur yn addasu o amgylch heriau. Mewn llannerch o fewn coedwig fydd hi, efo cytiau moethus i bawb gael preifatrwydd ond yn ddigon agos i daro i mewn ar rywun arall os ydi rhywun angen sgwrs. Triniaethau hunanofal a gynigir – o *massage* i wersi coginio – a bydd pob pryd yn deillio o gynnyrch yr ardd.

Mae dynes y soffa yn sôn y bydd ceffylau yno i gefnogi merched i ddeall sut mae meithrin eu greddf o ddysgu ymddiried. Nid oes ganddi ofn dweud ei bod hi'n ymddiried llawer mwy mewn anifeiliaid nag mewn pobl. Yn araf, mae'n cydnabod nad yw'n llythrennog a dwi'n deall pam felly, a ninnau'n cynnwys cymaint o ysgrifennu creadigol yn ein sesiynau, fod ymuno wedi bod yn heriol iddi.

Dydw i ddim isio gwneud gormod o ffys ond eto dwi isio

cydnabod ei dewrder yn rhannu ei sefyllfa. Ar hynny, mae aelod o'r staff yn cynnig ein bod yn cael egwyl am baned, a dwi'n ddiolchgar am ei deallusrwydd emosiynol. Wedi i bawb setlo yn eu holau, dwi'n cynnig cofnodi ein syniadau ni fel grŵp ac mae'r ddynes sy'n angerddol am geffylau'n disgrifio y bydd anifeiliaid gwyllt yn heidio at y ganolfan. Mae'n dychmygu llwynogod yn gwylio o bell a chael gorwedd ar hamoc yn gwylio eryr uwch ei phen.

Mae yna ddistawrwydd yn cydio ym mhawb. Ai sylweddoli ydyn ni i gyd mor bell ydi delfryd 'Rhwng' o'r lle rydyn ni'n byw ynddo, er gwaethaf ewyllys da pawb?

Daw merch arall i holi am rywbeth ac mae'r awyrgylch myfyriol wedi'i chwalu. Mae'r staff yn codi i ymateb ac yn mynd ar berwyl tasgau newydd. Derbyn ein bod ni wedi creu hafan greadigol am gyfnod byr sydd raid, a phacio ein pethau am y tro.

Wrth i mi adael un wythnos, mae un o'r staff yn holi ydw i'n iawn. Mae hi wedi synhwyro'r annifyrrwch ynof fi. Dwi'n egluro fy sefyllfa ac yn mynegi fy ofn am yr heriau yn fy mywyd personol. Rhybuddia fi mai dim ond un ffordd sydd o fyw, sef drwy fod yn ddewr, a hynny drwy'r galon. Am eiliad dwi'n twyllo fy hun fy mod i'n dilyn y ffordd yma o fyw yn barod.

Ond mae'r ddynes hon yn gyn-aelod o'r lluoedd arfog ac wedi gweld pobl ar eu gwaethaf a'u gorau. Gall synhwyro nad ydw i'n gwbl ddidwyll. Gwena cyn fy hoelio i efo'i llygaid, a dweud:

'Gin ti lot o ddewisiadau mewn bywyd. Do'n 'im yn cael dewis pan o'n i'n yr armi – goro' dilyn be odd pobl erill yn ddeud o'n i. Rŵan, dwi'n gwbo' bo' yna ffor' hawdd a bod 'na ffor' sy'n gofyn i fi neud petha anodd i gyrraedd lle gwell yn diwadd. Raid i chdi ddilyn y ffor' ma dy galon di'n ddeud, motsh pa mor anodd ydi hi. Achos os ti'n gneud hynna, fydd gin ti wastad y lle cynnas 'na yn dy galon. Peryg ydi bo' ti'n colli gwres dy galon pan ti'n gneud y dewisiada hawdd. Paid â gadal i dy galon di galedu.'

Dwi'n syfrdan, yn deall ei bod hi wedi gweld trwydda i. Dwi'n sibrwd drwy ddagrau, 'Dwi ofn.'

Mae hi'n gwenu a gafael yn fy nwylo, 'Ma hi'n haul braf yn dy galon di. Ti'n iawn.'

Dwi mor ddiolchgar am ei chyngor a'i sensitifrwydd. Dydi hi ddim wedi cymryd yn ganiataol mai dim ond y preswylwyr sy'n fregus, ac er mai yno i weithio ydw i sylweddolaf mai rhannu fy mreuder ydi fy arf proffesiynol mwyaf effeithiol.

Dwi'n teimlo cwmwl tywyll yn dechrau codi gan ryddhau, nid storm, ond cawod o eira tawel. Mae pob pluen yn disgyn am i lawr, ond am ennyd mae modd gwerthfawrogi pa mor unigryw, bregus ond aruthrol o hardd ydyn nhw; a'r merched hyn sydd wedi ailgydio yn eu sgwrsio brwd, yn chwerthin wedi un o'r staff golli ei phaned dros bob man. Maen nhw'n codi fel haid i nôl cadachau, i glirio ac i ofalu nad oes unrhyw staen i'w weld.

Dwi'n mynd i gario dewrder y merched yma efo fi am byth: y dewrder i ofyn am help, i ddisgwyl gwell i mi fy hun, i gydnabod bod angen lloches ar bawb ar rai cyfnodau yn eu bywyd ac i fyw efo calon gynnes.

Ymarfer: Cario cwmpawd y galon

Mae'n bosib i ni wyro oddi wrth y llwybr gorau drwy ddewis taith sy'n ymddangos yn haws ar y pryd. Os allwn ni wir feddwl efo doethineb a dewrder am ein penderfyniadau, a hynny efo calon gynnes, efallai y gallwn ni ddod o hyd i gyfeiriad cadarn.

- Ystyriwch gyfnodau lle roeddech chi'n gwybod fod penderfyniadau wedi'u gwneud yn groes i'r hyn oedd orau i chi. Beth oedd y rheini?
- Beth ddylanwadodd ar y penderfyniad?
- Sut allwn ni sicrhau nad ydi penderfyniadau'n cael eu gwneud ar draul ein llesiant ein hunain?
- Beth fyddai egwyddor y pedwar pegwn i benderfyniadau dewr? Bathwch enw ar bob pegwn.

Atebwch y cwestiynau isod.

Hapusrwydd gwag

Dwi wedi teithio i Theatr Clwyd i weld sioe'r actores a'r gomedïwraig Crissy Rock efo fy ffrind. Crissy oedd yn serennu yn *Benidorm* ac a dderbyniodd sylw ar *I'm a Celebrity … Get Me Out of Here.* I mi, ei llais cras a'i hacen *Scouse* sy'n nodweddu ei pherfformiadau a'i siarad plaen. Mae rhywun yn synhwyro'i bod wedi profi caledi ond hefyd does yna ddim dianc rhag ei chalon fawr a meddal sy'n gwneud sylwadau bachog am fod yn ddynes yn ei hoed a'i hamser.

Dyma'r tro cyntaf i mi fod yn Theatr Clwyd ers iddo gael ei adnewyddu ac mae o'n teimlo'n agored braf, yn llawr pren glanwaith, a'r olygfa o'r Wyddgrug a Moel Fama yn annog rhywun i fyfyrio ar y byd.

Rydyn ni'n dwy'n rhannu ein gofidiau am unigolion bregus sy'n agos aton ni ac yn benderfynol o gael dihangfa efo'r sioe. Chwerthin lond ein boliau ydi'r nod, fel y ffisig gorau i anghofio ein gwewyr. Mae'r bar yn llawn prysurdeb, ac acenion y gynulleidfa'n awgrymu eu bod wedi teithio dros y ffin ar gyfer y noson. Gwisga llawer o'r merched ddillad llawn *sequins* ac mae yna naws parti o'n cwmpas. Cawn ein galw i fynd i'n seddau ac mae'r theatr yn orlawn, a'r rhan fwyaf o'r gynulleidfa wedi manteisio ar y cyfle i wneud y gorau o'r bar. Mae yna hwyliau da ar bawb ac rydyn ni'n ymlacio yn ein cadeiriau moethus.

Pan ddaw Crissy ar y llwyfan, mae yna fonllefau a chymeradwyaeth fawr. Coda law arnon ni a phwyntio at ambell un fel tasa hi'n eu hadnabod, a does yna ddim ond cynhesrwydd rhyngddi hi a'i chynulleidfa. Mae hi'n diolch cyn dechrau ar y sioe.

Yn annisgwyl, yn hytrach na chyflwyno llinellau *stand up*, mae'n adrodd hanes ei magwraeth galed yn Lerpwl. Ond mae'r gynulleidfa wedi penderfynu mai jôcs sy'n ddisgwyliedig ac yn chwerthin yn afreolus. I'r rhai ohonon ni sy'n gwrando ar wirionedd y geiriau, mae'r chwerthin yn gwbl amhriodol. Mae'r chwerthin yn parhau, a dydw i a fy ffrind ddim yn gwybod sut i ymateb i'r tyndra.

Sôn am dlodi a chamdriniaeth rywiol a chorfforol mae hi, ac yn raddol mae'r chwerthin yn tawelu, a hynny sydd ar ôl yn wag ac anghyfforddus. Mae'n pylu'n llwyr fel ein bod ni i gyd yn clustfeinio i wrando ar ei geiriau.

Buan y daw ochneidio uchel wrth i'r gynulleidfa ddeall bryntni'r trais y mae Crissy wedi'i ddioddef, a hynny o fewn amgylchiadau teuluol a gan gymdogion clòs. Doedd hi ddim yn ddiogel yn ei chartref nac yn yr ysgol. Fe gâi ei hystyried yn *dunce* ac roedd yr athrawon am y gorau i wneud hwyl am ei phen.

Cawn ei hanes hi'n priodi ar y cyfle cyntaf posib a hithau'n feichiog yn ifanc o ganlyniad i'r gamdriniaeth. Doedd yna ddim arlliw o ramant na chariad yn perthyn i'r berthynas ond mae Crissy yn bachu ar y cyfle i ddianc. Dydi hi fawr o sioc fod y gamdriniaeth wedi cynyddu o fewn y briodas hefyd. Mae'r disgrifiadau yn gignoeth a dychrynllyd, a'r dioddefaint yn gwbl ddiderfyn. Pan fo raid iddi adael ei chartref i ddianc rhag mwy o drais, mae'n chwalu'r bwrdd gwydr sydd wedi bod yn drysor iddi. Hi sydd wedi talu amdano ond mae hi'n ei falu'n deilchion efo morthwyl, yn cael ei hannog gan yr heddlu sydd yno i'w chefnogi.

A ninnau'n darogan bod ei bywyd yn gwella ar ôl iddi ddechrau derbyn gwaith actio, dysgwn fod ei hail ŵr yn alcoholig a'i fod yntau'n ei hamharchu, ond nid yr un Crissy ydi hi erbyn hyn. Mae yna ddeffro mewnol wedi bod o ganlyniad i ddarganfod ei hunan-werth. Rydyn ni'n cael ein dal fel cynulleidfa ar flaen ein seddi ac yn araf caiff yr elfen gomedi ei chyflwyno.

Mae'r rhyddhad o wybod ei bod hi'n ffeindio heddwch yn ei bywyd yn taro'r gynulleidfa fel ton, a dwi'n sylwi fod y rhan fwyaf ohonon ni'n sychu dagrau o'n llygaid. Gwyddom rŵan ei bod hi'n saff i ni ddechrau ymlacio a chwerthin. Rydyn ni yn ein dyblau, yn gwirioni ar y gomedïwraig sy'n llenwi'r llwyfan efo'i dynwarediadau.

Erbyn hyn, mae wedi ein hargyhoeddi fel cynulleidfa o'n gallu i neidio o'r llon i'r lleddf heb chwithdod. Rydyn ni i gyd yn rhoi caniatâd iddi ein tywys ar *rollercoaster* emosiynol, achos mae hi wedi cadw ei hurddas drwy bopeth ac rydyn ni am iddi deimlo'i phŵer drosom ni. Mae hi'n feistres ar ei chrefft ac yn ein dal yn fedrus yng nghledr ei llaw.

Aiff yn ei blaen i eirioli dros bwysigrwydd iechyd meddwl a'n hannog i fod yn agored wrth drafod ein llesiant, gan bwysleisio'r angen i ddynion yn arbennig estyn allan. Wrth iddi gyrraedd y diweddglo, caiff 'A little respect' gan Erasure ei flastio yn y theatr, ac rydyn ni i gyd ar ein traed yn morio canu, chwerthin a chrio am yn ail. Mae Crissy yn emosiynol hefyd ac yn sylweddoli effaith ei pherfformiad arnon ni. Does yna neb am symud na pheidio cymeradwyo, a chaiff ei galw'n ôl ar y llwyfan dair gwaith.

Noson o chwerthin oedden ni i gyd wedi'i rhag-weld ar gyfer yr ymweliad, ond mi gawsom ni wers arbennig ar sut mae yna ddyfnder o emosiynau a phoen yn cysgodi hyd yn oed yr unigolion rydyn ni'n eu cysylltu â hiwmor ysgafn ac arwynebol *Benidorm*. Fel efo pob clown, mae yna dristwch yn llechu yn agos gerllaw.

Wrth deithio adref, mae fy ffrind a finnau'n trafod gwydnwch Crissy a'r chwerthin gwag ar ddechrau'r sioe. Dwi'n cofio'n ôl i fy arddegau, a'r profiad o gael fy nal yn chwerthin ar jôc heb fod yn deall y *punchline*. Roedd ymddangos yn rhan o griw yn bwysicach na dim arall, ond mae'r noson hon wedi amlygu pwysigrwydd bod yn driw i'n hemosiynau a lleisio ein pryder.

Mi fuodd Crissy yn cuddio cymaint am flynyddoedd, ond efo'r morthwyl ar y bwrdd gwydr mi ddysgodd fod yn rhaid chwalu patrymau o gelu er mwyn bod yn driw i ni'n hunain. Mae'r noson yma wedi fy neffro i fwy nag erioed i sylweddoli pwysigrwydd adnabod fy emosiynau ac asesu go iawn lle dwi'n dewis hapusrwydd gwag neu hapusrwydd dyfnach sy'n nes at fodlonrwydd.

Dwn 'im faint o weithiau dwi wedi 'bwyta' nhristwch efo siocled yn fwy na dim arall. Fel efo'r alcohol, mae angen mwy a mwy i lenwi'r 'twll'. Mae yna hit *dopamine* dros dro, ond y serotonin dwi ei angen. Gall y *dopamine* roi pleser sy'n fy ngwobrwyo am fy ymdrech yn y *gym* ac o orffen tasg, ond mae'r serotonin fel y teimlad o adael Theatr Clwyd: y boddhad o fod ar siwrnai hirach, un efo heriau. Y siwrnai sy'n datgelu gwirioneddau mwy amdanom ein hunain a'r byd ac sy'n cynnig heddwch dyfnach. *Dopamine* ydi'r chwerthin byrhoedlog a serotonin ydi'r cynhesrwydd a'r bodlonrwydd sydd i'w deimlo drwy fy nghorff cyfan.

Dwi'n archebu hunangofiant Crissy Rock ac yn ei orffen o fewn dim. Mae yna wyleidd-dra mawr yn perthyn iddi a does ganddi ddim ofn gwaith i'w chynnal ei hun. Nid fel actores gegog dwi'n ei hystyried bellach ond fel dynes emosiynol ddeallus efo'r gallu i ddarganfod y doniolwch sy yn y sefyllfaoedd tywyllaf posib.

Enw'r llyfr ydi *This heart within me burns* ac mi alla i ddehongli hynny fel rhywbeth poenus, ond dwi'n dewis ei weld o fel y cynhesrwydd deimlodd pawb yn y theatr, y grym anhygoel i fyw efo dewrder a theithio heibio'r gwacter at fyd o gyswllt dwfn.

Ymarfer: Llenwi twll

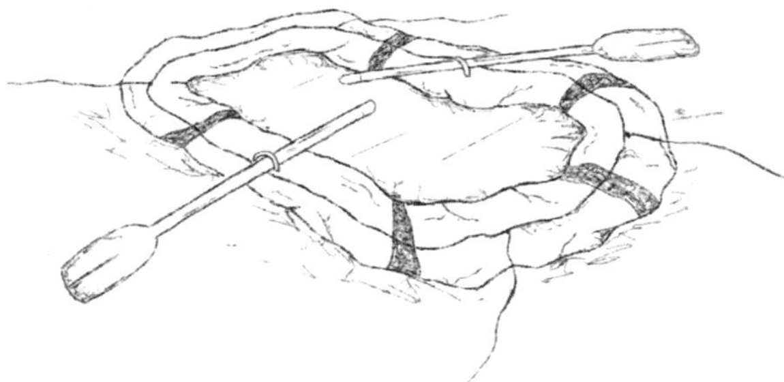

- Tydi chwerthin na hapusrwydd gwag ddim yn cynnig cysur; mae o fel cael cwch achub heb wynt. Ystyriwch esiamplau lle rydych chi wedi trio 'llenwi twll' efo *dopamine hit* arwynebol yn hytrach na bodlonrwydd dyfnach.
- Yna meddyliwch am weithredoedd sy'n cynnig boddhad mwy sylweddol.
- Dychmygwch ddelwedd o'r cwch wedi'i lenwi lond y pen efo gwynt. Pa weithredoedd calonogol sy'n eich llenwi chi efo 'gwynt' i ddal ati drwy heriau? Ai gwneud paned o de mewn cwpan a soser tsieina, cynnig gwneud swper i rywun sydd dan bwysau, neu ddiolch i rywun o'r galon am fod yn gymwynasgar? Lluniwch restr o'r gweithgareddau hyn fel y gallwch droi atynt pan fyddwch chi'n teimlo'n fflat. Er mai tasgau bach ydyn nhw, gallent roi hwb enfawr i ddiogelu sefydlogrwydd tawel.
- Atebwch y cwestiynau isod.

Gweld sêr

Dwi'n ffrindiau efo Joe, a dreuliodd ei lencyndod yn y llynges fasnachol. Roedd o'n teithio'r moroedd ar danceri olew, ac ar rai achlysuron bu'n gweithio ar longau pleser ymhell o adref am gyfnodau maith. Byddai yfed alcohol yn llenwi twll y diflastod i'r rhan fwyaf o griw'r llong, ond i Joe daeth darllen ac ioga yn ateb wrth i gyd-weithiwr Indiaidd ei gyflwyno i'r ddisgyblaeth o ystwytho'i gorff er mwyn tawelu ei feddwl.

Yn ei ieuenctid yn Coventry ym mhumdegau'r ganrif ddiwethaf roedd Joe wedi gwrthryfela drwy fod yn Teddy Boy. Adref, roedd gwisgo siaced hir, *drainpipes* a chario *flick knife* yn rhoi teimlad o berthyn, ond ar y môr dysgodd fod yn rhaid iddo ddod i'w ddallt ei hun cyn gallu perthyn go iawn.

Sonia yn aml am awdur oedd yn gweithio ar y llongau efo fo. Roedd hwnnw'n dewis cytundebau lle byddai'n teithio am y cyfnodau hiraf posib i gael llonydd i ysgrifennu. Yn fy nychymyg i, roedd cyfyngder y cabanau'n ei orfodi i ymgolli, a dwi'n ei weld wrth ffenest siâp cylch yn taro botymau ei deipiadur, yn codi ei ben bob hyn a hyn i wylio'r tonnau, cyn troi eto at ei antur storïol. Dwi'n ei ddychmygu'n ffantasïo mai hon fyddai ei fordaith olaf cyn i'w waith gael ei gyhoeddi i gynulleidfa frwd a gwerthiant byd-eang fyddai'n ei arbed rhag gorfod gweithio fyth eto. Ond ni soniodd Joe erioed beth ddaeth o'r awdur, ac efallai nad oedd ganddo fwriad yn y byd i rannu ei waith. Fy ffantasi i ydi hi, beryg.

Wrth gofio'r adegau hyn mae Joe, sy'n tynnu at ei nawdegau bellach, yn dod yn fyw. Mae ei lygaid yn gloywi ac mae'n dychwelyd at atgof o fynd ar y dec i gysgu pan oedd hi'n annioddefol o boeth yng nghrombil y llong. Daeth aelod arall o'r criw i gyflwyno'r sêr iddo, dysgu eu henwau a sôn am eu gallu i'n cyfeirio ni ar y ddaear a'n cynorthwyo i weld y byd drwy oleuni.

Tra oedd o'n gorwedd ar y dec, cafodd brofiad o fod yn un â'r bydysawd. Wrth sylwi ar y sêr, cafodd ei lethu gan deimlad ei fod o'n ddiogel yn y byd a'i fod o'n gwbl amherthnasol hefyd – y ddau begwn o deimlo'n arwyddocaol ac yn ddim byd yr un pryd. Mae Joe yn hoffi dweud mai dyma pryd y gwnaeth o ddeffro i ddirgelwch y byd. Deallodd yr undod o deimlo dau beth gwrthgyferbyniol a gwybod bod y ddau 'run mor wir â'i gilydd. Teimlodd ryddhad ac ofn, ond yn fwy na dim teimlodd fodlonrwydd o sylweddoli nad oes yr un emosiwn yn bodoli ar ei ben ei hun a bod 'na wastad arlliw o emosiwn arall yn ei gynffon o.

Dwi'n cofio teimlo hyn fwyaf wedi geni Erin. Roeddwn yn ei charu hi'n fwy na dim arall yn y byd, ond ar yr un pryd roeddwn yn gwegian dan y teimlad bod gen i'r cyfrifoldeb enfawr o'i gwarchod rhag peryglon bywyd a'i bod hi'n gwbl ddibynnol arna i. Yn ddi-os, y cariad oedd yn trechu'r ofn, ond efallai nad ydyn ni fel cymdeithas yn fodlon cyfaddef yn gwbl agored bod y gwrthdaro yma'n digwydd. Mae'n rhaid i ni roi lle i'r teimladau anodd yma neu mae peryg i unigolion ynysu eu hunain a dioddef yn dawel mewn cywilydd.

Dydw i erioed wedi dysgu enwau'r sêr, a dydw i ddim yn gallu adnabod fawr mwy na'r Aradr. Ond dydi hynny ddim yn golygu nad ydyn nhw'n bwysig i mi chwaith. Mi alla i ymgolli wrth edrych arnyn nhw. Bryd hynny, mae amser a phoenau'r byd yn lleihau. Dwi'n sylweddoli bod y sêr yn bodoli mewn amgylchedd eithafol o egni dwys, ond o'r ddaear maen nhw'n cynrychioli heddwch a gobaith. Mae astroleg yn gysylltiedig â dymuno dyfodol llewyrchus i ni ein hunain ond eto, wrth gwglo am y diffiniadau symlaf posib o beth ydi sêr, mae hi'n amlwg y gellid disgrifio'r adwaith cemegol niwclear sy'n digwydd ynddyn nhw fel rhywbeth catastroffig.

Dwi'n cofio gwrando ar bodlediad am astroffiseg. Er nad oeddwn i'n deall y cyfan, roedd o'n dal i fy nifyrru. Des i ddeall mai *black holes* ydi ardaloedd yn y gofod lle mae tynfa'r disgyrchiant mor gryf fel na all dim, dim hyd yn oed golau, ddianc ohonyn nhw. Mae yna gymaint o 'stwff' wedi'i gywasgu i le mor fach nes ei fod yn magu grym i ddenu mwy o 'stwff' ato; mae hyn yn digwydd wrth i seren enfawr farw.

Maddeuwch y gorsymleiddio echrydus, ond weithiau mae labelu pethau cymhleth yn ddim ond gair di-nod yn ddigon i wneud i rywun ymlacio a gallu deall mwy ohono. Pan dwi yng nghanol cyfnod o wrthdaro mawr yn fy mywyd, dydi hi ddim yn bosib ei egluro fo'n gryno a deallus oherwydd llanast a blerwch y sefyllfa. Ond mae rhoi unrhyw label arno fo'n gychwyn ar drio dod i'w ddeall yn hytrach na gwadu ei effaith niweidiol arna i a phobl eraill. Mae lleisio profiadau anodd efo rhywun arall yn allweddol i ganfod yr ateb i'r cwestiwn sut mae teithio drwy'r profiad yn hytrach na cheisio'i osgoi. Yn y broses o gyfathrebu ein 'stwff' cymhleth ein hunain, rydyn ni'n cael gwell gafael arno fesul tipyn.

Ond mae'r ffin rhwng sêr a thyllau du mor denau â'r ffin rhwng hapusrwydd diamheuol a thywyllwch byw mewn anobaith. Bydd ein hymennydd ni wastad yn ffafrio'r düwch oherwydd mai goroesi, nid ymhyfrydu mewn bywyd, sydd wedi dylanwadu fwyaf ar ein gallu i esblygu fel pobl o gyfnod y deinosoriaid ymlaen.

Mi glywais i am fath newydd o therapi sy'n dod o dreulio amser wedi ymneilltuo mewn tywyllwch, sef Therapi Tywyllwch. Wrth gwrs, mae traddodiad brodorol o gilio rhag y byd drwy dywyllwch wedi bodoli ers canrifoedd maith. Roedd hyn yn digwydd, ac mae'n dal i ddigwydd, drwy seremonïau a defodau mewn ogofâu neu mewn 'pebyll' chwysu er mwyn puro unigolion yn ysbrydol ac yn emosiynol.

Yn y ffasiwn newydd o therapi holistaidd, y bwriad ydi dianc drwy dywyllwch rhag symbyliadau digidol, teuluol, cymunedol, gyrfaol, emosiynol, seicolegol a phob '-ol' arall y gallwch chi ei ddychmygu. Canlyniad yr amddifadu synhwyrus ydi ein harwain ni ar daith i hunanfyfyrio er mwyn 'gweld' pwy ydyn ni go iawn.

Yn ôl y sôn, wedi tri neu bedwar diwrnod o ddistawrwydd byw mewn tywyllwch, mae unigolion yn dechrau 'gweld' goleuni. Caiff ei farchnata fel profiad ysbrydol sydd wedi'i seilio ar ymchwil wyddonol ac mae gwneud hyn yn dorfol yn gallu cael effaith fwy trawiadol na'i wneud yn unigol. I mi, mae darganfod golau drwy ddim ond tywyllwch yn cynnig gobaith, ac efallai fod raid i ni wynebu tywyllwch dudew yn ein bywydau er mwyn cael ysbrydoliaeth i newid ein llwybrau mewn bywyd.

Wedi byw drwy golledion a heriau alcoholiaeth, mi alla i ddweud â'm llaw ar fy nghalon fod yna ryddhad enfawr wedi dod o dderbyn y tywyllwch efo gonestrwydd. Dim ond wrth ei deimlo a'i gydnabod y gwnes i sylweddoli y gallwn i ailgyfeirio fy hun at oleuni, ac mi fydda i'n ddiolchgar am byth i'r profiadau heriol am fy ngyrru fi ar daith newydd.

Pryd bynnag y bydda i'n dechrau teimlo anobaith, mi

fydda i'n cofio am Joe ar ddec y llong yn cael ei gyfareddu gan y sêr, gan sylweddoli ein bod ni'n rhan fechan iawn mewn bydysawd eang ond fod ganddon ni werth a phwrpas yn y bywyd hwnnw.

Pan fydd Mark Cyrff yn canu 'Dwi'n gweld sêr, ie, dwi'n gweld sêr, ie …' dwi'n cofio'r grym eithriadol sydd o fewn pob unigolyn i gael ei ysbrydoli gan ddisgleirdeb y sêr.

Ymarfer: Gweld drwy'r tywyllwch

Croesawu'r tywyllwch

- Ceisiwch greu cyfle i chi eich hun elwa o 'dywyllwch' drwy eistedd. Caewch eich llygaid am gyfnod fymryn yn hwy na beth fyddai'n gwbl hawdd i chi'n bersonol – 20 munud ydi hyn i mi, ond addaswch y cyfnod i'ch siwtio chi. Gosodwch larwm ar eich ffôn.
- Anadlwch yn araf drwy eich trwyn, ei ddal am rai eiliadau, a'i ollwng yn araf drwy eich ceg.
- Peidiwch â thrio meddwl am ddim, dim ond gadael i feddyliau grwydro heb eu beirniadu.
- Synhwyrwch a oes tensiwn yn eich corff a cheisiwch wneud i'r rhannau hyn ymlacio drwy yrru egni cynnes o'ch calon tuag atyn nhw. Gallwch ddychmygu sêr bychain yn teithio o gyfeiriad eich calon at y llefydd hyn.
- Rydych chi newydd gwblhau cyfnod o fyfyrio sy'n hwb i'ch llesiant corfforol, emosiynol, seicolegol ac ysbrydol. Ceisiwch ddatblygu'r ymarfer yn un rydych chi'n dychwelyd ato'n gyson. Beth am wneud hyn yn ddyddiol? Mae yna dystiolaeth gadarn ei fod yn ein gwneud yn hapusach ein byd.

Goleuni / Tywyllwch

Ar ddau ddarn o bapur, rhowch 'Goleuni' yn deitl ar ben un ohonyn nhw a 'Tywyllwch' ar y llall. Mi fyddwch chi rŵan yn mynd at wraidd arwyddocâd y ddau air i chi.

- Gosodwch larwm i ganu ymhen pum munud. Ystyriwch beth mae 'Goleuni' yn ei awgrymu i chi; gall fod yn deimlad, yn llefydd penodol neu'n brofiadau.
- Ar ddiwedd yr amser yma, trowch y papur a'i ben i lawr a neilltuwch bum munud i ystyried 'Tywyllwch'. Beth sy'n awgrymu 'Tywyllwch' i chi? Ceisiwch feddwl am enghreifftiau penodol o brofiadau neu sefyllfaoedd sy'n ei gynrychioli.
- Ar ôl pum munud, ymlaciwch a chymerwch baned bach cyn ailgydio yn y dasg.
- Yna, darllenwch y ddwy restr heb feirniadaeth. Pa restr oedd yr un fwyaf maith? Pa un sy'n gadael yr effaith fwyaf arnoch? Yna, mae ganddoch chi'r opsiwn o dorri'r ddwy restr yn dameidiau mân, eu llosgi neu eu rhoi nhw o'r neilltu'n ddiogel i'w hystyried eto yn y dyfodol.

Dwi'n gweld sêr

Beth sy'n dod â phleser i chi? Nodwch eich atebion isod.

'Dwi'n gweld sêr mewn …'

____

____

____

____

'Colli er mwyn ennill'

Ewch i wrando ar y Cyrff yn canu 'Colli er mwyn ennill' a chofio'r gytgan fach ychwanegol:

> Dwi'n gweld sêr, ie,
> dwi'n gweld sêr, ie,
> dwi'n gweld sêr, ie!
> Dwi'n gweld sêr, ie,
> dwi'n gweld sêr, ie,
> dwi'n gweld sêr.

Dyfalbarhau

Mae gen i arwres o ferch sydd wedi perchnogi dyfalbarhau i'r eithaf. Nid dyfalbarhau i blesio pobl eraill ond er mwyn boddhau ei hawch personol ei hun i gyflawni pethau. Dydi hi ddim ots pa mor anodd ydi'r dasg, mi wnaiff Mared wastad lwyddo. Does yna ddim unrhyw fath o frolio ynghlwm â'r penderfyniadau yma. Mi wnaiff hi'r cwbl yn ddistaw bach, heb fynd i orfeddwl fel ei mam a thrafod yn faith. Yn Mared, mae yna reddf naturiol, iach at nabod ei grym ei hun.

Mae hi wedi bod fel hyn ers y cychwyn cyntaf, yn gwybod ei bod hi werth y byd. Dwn 'im ai fy modlonrwydd i fel mam yn deall beth oedd o 'mlaen efo'r enedigaeth neu'r rhyddhad o wybod na fyddai Erin yn unig blentyn fel fi oedd yn gyfrifol am drosglwyddo'r egni o lawenydd i'r fechan. Ond mi fues i'n hapus braf wrth ei chario, a hynny heb ddeall am y tri mis cyntaf gan fy mod i'n dal i fwydo Erin a heb ailddechrau cael mislif. Fy modryb, oedd yn gyn-fydwraig, awgrymodd efallai fod angen i mi wneud prawf wedi iddi sylwi 'mod i'n cwyno am boen cefn ac yn fwy blinedig na'r arfer. Ond mi oedd gen i fabi naw mis oed, felly doedd hynny'n fawr o syndod. A dyna ddeall y byddai yna ychwanegiad i'n teulu heb drio rywsut!

Cyrhaeddodd dros ei naw phwys, yn gwbl fodlon braf, ond eto roedd yna benderfyniad yn rhan o'i natur o'r cychwyn. Mae Mared wastad wedi bod yn ddi-droi'n-ôl unwaith mae hi'n cael syniad. Bwydodd o'r fron yn gwbl ddidrafferth, ond doedd yna ddim un ffordd o'i pherswadio i gymryd llefrith o botel, ac felly y bu. *Beaker* oedd y cyfaddawd fel fy mod i'n gallu dychwelyd i weithio, ond aeth yna 'run botel efo teth arni yn agos at ei cheg. Erbyn hyn, mae Mared wedi meistroli sut i newid ei hagweddau o dro i dro, ond dwi wastad wedi edmygu ei gallu i ddal gafael ar ei gwerthoedd greddfol. Mae'r gallu hwn i beidio seboni yn un gweddol brin a dydi hi byth, bron iawn, yn rhy blaen ei thafod!

Mae rhan o'r balchder yn dod o sylweddoli 'mod i hefyd yn meddu ar yr un nodwedd o fod yn benderfynol. Efallai mai rhyw styfnigrwydd ydi o, isio bod yn 'iawn' o hyd, ond wrth imi ddod i adferiad mae o wedi meddalu i fod yn benderfyniad i ddyfalbarhau er gwaethaf heriau. Mi alla i ganolbwyntio ar gyrraedd nodau sy'n ymddangos yn afresymol i eraill, ond mae fy ngreddf i'n dweud wrtha i eu bod yn bosib. Os ydw i'n amau fy hun mewn unrhyw sefyllfa, dwi'n ystyried sut fyddai Mared yn ymateb, ac yn anochel mae yna ddatrysiad yn dod.

Wrth fagu merched, roedd rhoi penderfyniad iddyn nhw i lwyddo mewn unrhyw faes yn allweddol i mi – y meysydd hynny sy'n 'haws' i ddynion wneud eu marc ynddyn nhw. Mae Mared yn gwneud hynny o fewn maes ariannol rheoli busnes, ac er nad ydw i'n deall yn union beth mae hi'n ei wneud dwi'n ymwybodol fod yna gwmnïau preifat yn ceisio'i physgota hi'n barhaus i ddod atyn nhw i weithio. Felly, mi alla i gymryd ei bod hi'n llwyddo wrth ei gwaith.

Mae ei larwm hi'n ei deffro'n gyson am bump y bore er mwyn iddi wneud y daith o Gaernarfon i Crewe a gweithio ar y trên drwy'r siwrnai. Mi fydda i'n poeni ei bod hi'n gweithio yn rhy galed ond yn trio ymddiried ei bod hi'n cymryd gofal ohoni ei hun ac nad ydi gofid gen i'n mynd i helpu dim.

Wrth gwrs, fydda i byth yn gallu dileu'r gofid mae Mared wedi'i brofi o ganlyniad i fy alcoholiaeth ar ei anterth – yn symud o'r cartref ac yn esgeuluso'r gofal mamol y dylwn i fod wedi'i roi. Mae fy niolch i'n drwm i famau ffrindiau iddi wnaeth gynnig haelioni eu gofal i lenwi'r bwlch yn ddistaw bach ac esmwytho creulondeb effaith fy salwch.

Bob hyn a hyn, mi fydda i'n dal i synhwyro'r amddifadu 'nes i ei achosi yn ei llygaid a dwi'n teimlo cywilydd a siom na allwn i gyrraedd sobrwydd yn gynt. Dwi'n gwybod nad oes gwerth mewn cosbi fy hun efo 'be taswn', ond dwi'n cymryd y cyfrifoldeb o wybod 'mod i wedi creu niwed iddi hi ac Erin.

Hon oedd y ferch fach oedd mor hoff o glosio i fy nghesail yn ddistaw, lle'r oedd yna delepathi o edmygedd a chariad dwfn na allai neb arall ei deimlo. Roedden ni'n deall ein gilydd, yn barod i gymryd unrhyw wfftio gan bobl eraill achos ein bod ni'n saff yn ein meddalwch a'n caledi cyfrin.

Ond heddiw, dwi yno i fy nhri phlentyn ac yn trio gwneud yn iawn am esgeuluso'r hogan fach oedd mor debyg i mi yn ei hysbryd. Mae ganddi dân yn ei bol ac mi all fod yn ymfflamychol, yn union fel ei mam, ond mae hi'n gariad i gyd. Y tân hwnnw ydi tanwydd dyfalbarhau. Mae Erin, a'i thad, yn gallu pwyso a meddwl yn fwy rhesymol, ond maen nhwythau'n edmygwyr di-ben-draw o Mared.

Ddechrau 2025, mae Mared yn penderfynu cofrestru ar gyfer Marathon Eryri. Hwn fydd ei marathon cyntaf ac, yn naturiol, bydd mynd am un o'r rhai mwyaf heriol yn gofyn am ddyfalbarhad ychwanegol. Dwi'n rhyfeddu at ei dewrder a does gen i ddim unrhyw amheuaeth na fydd yn llwyddo. Sylw Erin yn syth ydi, 'Typical Mared, yn dewis y marathon anodda i' neud gynta!' Ond dwi'n gwybod ei bod hi'n berwi efo balchder ac y bydd hi yno, fel efo pob agwedd o fywyd, yn dynn yng nghwt ei chwaer fach efo cefnogaeth a chariad.

Yr un flwyddyn mae Mared a'i phartner, Rhun, yn prynu

tŷ, yn parhau i fwynhau aros efo ffrindiau ar benwythnosau, a hynny ar ben gweithio oriau maith. Mae clywed am eu prysurdeb yn fy ngwneud i'n wan a finnau'n treulio cymaint o amser yn fy nghwmni fy hun ac yn mwynhau tawelwch o gwmpas amserlen fyrlymus fy mab. Mae llonyddu a bod adref yn greiddiol i fy llesiant, arafu fy meddwl prysur a bod yn bresennol.

Mae Mared wastad wedi bod yn heini ac yn cael pleser o symud ei chorff, ac mae ganddi gyd-gefnogwr ffitrwydd a bywyd heb ei ail yn Rhun. Fel cyn-chwaraewr rygbi proffesiynol sydd wedi gorfod ymddeol yn ifanc oherwydd anaf, mae Rhun yn gwybod am yr ymroddiad y mae ffitrwydd uchel yn gofyn amdano. Gŵyr sut i hyfforddi, sut i wrando ar y corff, sut i sicrhau maeth effeithiol ac, yn bwysicach na dim, sut i gael meddylfryd i dyfu.

Mae ei frwdfrydedd o at fywyd ac at ffeindio ffordd newydd ymlaen yn ysbrydoliaeth lwyr. Wnaiff yr un her ei ddychryn ac er ei fod wedi profi colledion mawr yn ei fywyd, mae yna addfwynder ynddo drwy'r cyfan. Gall gynllunio ffordd o oresgyn drwy urddas, gwyleidd-dra ac andros o lot o ddyfalbarhad. Does yna ddim sioe o gwmpas Rhun, dim ond sylwedd; gall Mared a phawb arall yn y teulu ddibynnu arno am gefnogaeth drwy bopeth.

Aiff y ddau i redeg am oriau, ac er mai Rhun sy'n geffyl blaen i ddechrau, buan y daw'r ferch benfelen benderfynol i redeg ochr yn ochr â fo a chael nerth i fynd heibio iddo. Daw Rhun i weld bod ei dilyn ar feic yn haws ac mae ei annog o'n gyrru Mared yn ei blaen fwy a mwy bob wythnos.

Mae Mared yn treulio mwy o amser yn rhedeg ac yn dechrau ychwanegu elltydd at yr ymarfer, fel yr allt olaf fydd yn y marathon o'r Waunfawr, pentref ei magwraeth, am Gefn

Du. Mae cerdded hon yn her, yn golygu troi cefn ar yr olygfa ysblennydd am y môr ac ymdrechu i fyny heibio tomennydd gwastraff llechi'r mynydd.

Mi oedden ni fel teulu ifanc yn mynd am dro i ben Moel Eilio yn gyson. Awchu am y brechdanau a'r tameidiau melys oedd Mared bryd hynny, yn eistedd yn barod ar lawr i lenwi ei bol. Hithau ac Erin yn mwynhau chwarae tŷ bach ar y copa a finnau a fy nghyn-ŵr yn dotio at eu hagosatrwydd a'u chwerthin lond bol. Dydi'r agosatrwydd hwn erioed wedi'u gadael nhw ac maen nhw'n ffyrnig o driw i'w gilydd. Fel unig blentyn, mae o'n cynhesu fy nghalon, ac fel rhieni rydyn ni'n meddwl y byd ohonyn nhw.

Caiff cynllun ei greu i sicrhau cefnogwyr ar hyd y ras, yn arbennig ar y gelltydd geirwon. Bydd ffrindiau a theulu yn dod â baneri, bwyd a diod, rhag ofn. Dwi'n cynnig mynd draw i Feddgelert a theithio yn ôl i Lanberis ar gyfer y diweddglo. Ar y munud olaf, mae Rhun hefyd yn cael lle i redeg ond mae o'n pwysleisio mai dilyn Mared sydd bwysicaf. Mae o'n amau y bydd ei gefnogi o'n ein harafu ni rhag ei dal ar y llinell derfyn, ond dwi hefyd yn gwybod na fydd Rhun yn ildio i unrhyw her, waeth pa mor fynyddig ydi'r llwybr.

Mae diwrnod y marathon yn cyrraedd ac mae hi'n dywydd echrydus, yn storm o wynt a glaw a chenllysg. Does yna ddim amdani ond gwisgo trowsus glaw, côt, esgidiau cryfion a lapio'n gynnes, a dwi'n dechrau meddwl a fydd gan Mared ddillad ychwanegol at y storm. Dwi'n gwybod fod ganddi wasgod i gario ambell beth, ond fydd ganddi ddim bag efo dillad sbâr. Ddylwn i gario pethau rhag ofn? Dim ond cais am boteli dŵr mae hi wedi'i wneud a dwi'n rhoi'r gorau i orfeddwl.

Ar fore'r ras dwi'n sefyll o flaen y poteli dŵr yn Tesco yn trio dewis pa un fyddai orau. Mae'r poteli mwyaf efo cap ar eu pennau, a dwi ddim isio i Mared na Rhun orfod ffidlan. Mae'r poteli'n fawr, a dwi'n poeni y byddan nhw'n chwithig i afael amdanyn nhw efo un llaw. Dwi'n dechrau siarad efo fy hun yn uchel ac yn sylweddoli bod raid i mi wneud penderfyniad rhag i mi fod yn hwyr ar gyfer y ddau redwr. Dwi'n bachu pecyn o ddeuddeg ac yna'n teimlo'n euog 'mod i'n creu gwastraff plastig diangen.

Mae'r daith i Feddgelert o gyfeiriad Porthmadog yn araf, ond mae'r ap ar gyfer dilyn y ddau yn cadarnhau bod gen i ddigon o amser. Mae fy rhieni wedi cyrraedd yno ers awr braf, yn paratoi at bob agwedd o'u bywydau'n drylwyr ac isio bod yn gefn diamheuol.

Dwi wedi dod â Caio'r ci efo fi, ond wrth gerdded at y torfeydd sy'n cefnogi, dwi'n sylweddoli fy nghamgymeriad. Mae'r cefnogwyr yma'n rhai profiadol ac yn deall bod curo dwylo i bawb sy'n pasio'n llafurus. Clychau gwartheg ydy'r ateb, a dwi'n teimlo fel taswn i yn y mynyddoedd yn gwylio'r Tour de France. I gi nerfus, mae'r torfeydd a'r clychau aflafar yn ormod. Dwi'n ceisio'i fwytho i'w dawelu ond yn y diwedd yn penderfynu y bydd raid i mi fynd â fo 'nôl i'r car.

Wrth tsiecio'r ap, gwelaf fod Mared yn closio, a dwi mewn cyfyng-gyngor a ddylwn i aros yn fy unfan neu weithredu er lles fy nghi. Mae Mared wedi rhedeg am ddwy awr yn barod, a dwi'n benderfynol o fod yno ar ei chyfer. Does yna ddim amdani ond rhedeg am y car efo pum munud yn sbâr. Dwi'n gwneud hyn wrth gario'r ci ond dwi'n colli fy ngwynt yn syth. Mae camp Mared yn fy nharo yn fwy nag erioed; dwi'n teimlo'n pathethig ac mae yna ddagrau'n hel. Ond dyma pryd mae gallu pobl o 'nghwmpas i'n gallu dylanwadu er gwell. Dwi'n teimlo rhyw *superpower* Mared yn llifo drwydda i a'i llais hi'n chwerthin, 'O cym on, Mom!'

Dwi 'nôl wrth fy rheini o fewn dim ac mae pawb yn annog y rhedwyr sy'n pasio. Mae gweld ein 'da iawn' ni'n goleuo'u hwynebau nhw'n bwerus. Dwi'n cofio'n sydyn am y poteli dŵr yn fy mag ac yn penderfynu agor y ddwy'r mymryn lleiaf i leihau'r drafferth i'r ddau redwr. Ddylwn i wedyn redeg i gasglu'r caead? Beth taswn i'n baglu a tharo i mewn i un o'r rhedwyr go iawn? Mae fy anallu i feddwl yn syml, heb y cymhlethdod o amau fy hun, yn syrffedus a dwi'n rhybuddio Myfi,

''Swn i wedi dy daflu di dros gorneli Pen y Pas taswn i 'di rhedeg hon!'

Ac mae hithau'n ateb yn ôl, ''Swn i'n licio dy weld ti'n cerdded y *route* yma, heb sôn am redeg!'

Mae yna 'ffyc sêcs' yn denig dan fy ngwynt, sy'n ddigon i wneud i Mam droi ata i, a dwi'n ychwanegu, 'Fydd hi'm yn hir rŵan!'

Does dim pall ar y gwynt a'r glaw. Mae Mam yn holi am rif a gwisg Mared, ond does gen i ddim syniad. A gan 'mod i a fy rhieni yn gwisgo sbectol, mae cadw golwg ar wynebau'r rhedwyr yn mynd yn fwy a mwy heriol. Dwi'n cipio fy sbectol ac yn ceisio'i sychu â hances wlyb ond mae'r glaw'n powndio yn gwneud hwyl ar fy ymdrechion – ac ar hynny mae fy nhad yn ei nabod!

Mae ei gwallt golau'n ysgwyd yn bendil tu ôl iddi ac mae hithau'n ein gweld. Mae yna wên led y pen ar ei hwyneb a dim golwg o ymdrech na blinder yn agos iddi. Dwi'n sgrechian ei henw'n falch, yn cymeradwyo, ac mae amser yn arafu. Dyma hi, y ferch fach sydd wastad wedi gwybod ei gwerth. Dwi'n synhwyro'i sicrwydd fod hon, fel popeth arall yn ei bywyd, yn dasg y mae'n rhaid gweithio drwyddi, nid efo anobaith, ond efo blas at wynebu her heb ofn.

O fewn eiliad, mae hi wedi gwibio heibio a dwi'n teimlo heddwch yn fy meddiannu. Mae yna egni'n tasgu o'r rhedwyr i gyd, yn heintus o bositif fod unrhyw beth sy'n werth brwydro amdano'n rhoi cymaint mwy o foddhad inni na bywyd digyffro a hawdd. Dwi'n sylweddoli 'mod i wedi dal y botel ddŵr ar gyfer Mared ond nad oedd ei angen.

Mygwyd fy sbectol gan ddagrau o falchder a chariad, a dwi'n sefyll yn fodlon braf. Dwi'n mwynhau'r preifatrwydd o fethu gweld allan i'r byd. Yna mae Rhun yn ymddangos yn ei chwt, yn gwenu i fyny'r allt. Mae'n closio ataf, nid i dderbyn y botel ddŵr, ond i roi *high five* i mi, a dwi'n cofio fod gen i lais i'w gefnogi. Dwi'n gryg efo'r gweiddi ond yn fwy gan y tynerwch dwi'n ei deimlo at ei wenu hael a'i awydd i gysylltu.

Dwi a fy rhieni yn dychwelyd at ein ceir yn dal i ryfeddu at gamp y ddau, yn teimlo rywsut fel tasan ni wedi cyfrannu'r mymryn lleiaf un fel hwb i'r ymdrech. Mae Mam, a'i hedmygedd o waith caled, yn ffarwelio efo, 'Dydyn nhw'n ddau dda!'

Caiff fy mab ei godi ar ôl ei gêm bêl-droed a chawn le cyfleus i barcio ar stryd fawr Llanberis. Rydyn ni'n gosod ein hunain ar waelod Allt Goch yn barod am yr un stretsh olaf cyn i'r ras orffen.

Mae yna awyrgylch cárnifal, yn arbennig wrth i fand pres Llanrug gychwyn ein diddanu. Daw ffrind ysgol i Mared aton ni ac mae Glesni, yn ei haelioni, wedi hel anrhegion lu i groesawu'r ddau – yn fisgedi wedi'u gwneud â llaw a photeli siampên. Gall Glesni a'i meddwl craff gofio'u rhifau cystadlu ac mae Mared yn agosáu at ei tharged o orffen o fewn pedair awr. Dwi'n sylweddoli fod yna fyddin o gefnogwyr i Mared a Rhun. Mae Lleucu yn dal poster, 'Ma-rhed' a 'Rh-un like the wind', a dwi'n teimlo'r cynhesrwydd at y ddau.

Mae yna redwyr yn troi'r gornel ac anafiadau lu gan rai sydd wedi llithro ar fwd yr allt. Pan fydd Gruff yn troi at Gles, a hithau'n feddyg yn gweld y gwaed, mae'n ateb heb lol, 'Maen nhw'n iawn!'

Daw dyn, sydd i'w weld yn ei wythdegau'n braf, a gweiddi 'Ogi, ogi, ogi', cyn neidio ar lawr i wneud pump *press-up*, a dyma ni rym y dyfalbarhau drwy fywyd yn disgleirio.

Dwi'n nabod Mared ar ei hunion ac yn sgrechian efo gorfoledd. Mae'r penderfyniad yn ei llygaid yn ddiamheuol ond dwi hefyd yn nabod y blinder, a dwi'n gwybod ei bod hi wedi gwthio'i hun i'r eithaf. Mi orffennodd 13 eiliad wedi'r pedair awr a Rhun ychydig funudau ar ei hôl, ac mae yna daeru na fyddan nhw fyth yn mentro eto. Roedd y cenllysg yn rhewi arnyn nhw wrth ddringo Pen y Pas, ac allt Cefn Du yn gwneud ei gorau i ddisodli eu dyfalbarhad. Ond mi wnaeth y ddau lwyddo efo cydredeg a gweiddi'r anti orau yn y byd, Nan Wyn.

Y diwrnod canlynol mae'r ddwy chwaer, y brawd bach, Rhun a finnau'n chwerthin dros baned, a Mared yn awgrymu efo gwên, ''Swn i yn licio'i drio fo eto heb iddi fod yn storm!'

Mae Erin efo'i doethineb ymarferol yn ateb, 'Ond fydda chdi byth yn gwbo' sut dywydd fydd hi flwyddyn nesa, na?'

A dyna pryd dwi'n cael fflach o syniad fod dal ati i weithredu er gwaethaf y tywydd yn rhan allweddol o'r daith i godi ein hwyliau. Fydden ni byth yn mentro gwneud dim os ydyn ni'n dibynnu ar fod mewn hwyliau da cyn cychwyn. Yr ymdrechu er gwaethaf y tristwch, y poendod a'r anobaith sy'n rhoi'r boddhad mwyaf yn y pen draw, y dyfalbarhau i dorri drwy'r boen gan obeithio fod yna dywydd neu amser gwell yn siŵr o ddod.

O fewn wythnos, mae'r ddau wedi cofrestru i wneud

marathon yn Bologna, ac mi fyddwn ninnau'n gwneud ein gorau glas i'w cefnogi nhw.

Dwi'n sgwennu hwn ar ddiwrnod pan mae yna annwyd trwm a dolur gwddw wedi dod mwyaf sydyn. Mi wnes i fynd i orffwyso am dipyn cyn cofio am y ddau, eu hyfforddi cyn y ras fawr a'u hegni heintus.

Dwi'n dychmygu fy hun yn closio at Mared ar graig yn ei phlentyndod, yn llonyddu, yn sownd drwy ein cariad, yn gwybod fod yna heriau mawr o'n blaenau, ond yn gryf yn ein cariad i'w goresgyn. Allwn i fyth fod wedi dychmygu fod gen i hawl i drysor fel hon yn fy mywyd ac mi gaiff hi a'r cariad hwn fi drwy bopeth.

Ymarfer: Dringo'r clogwyn

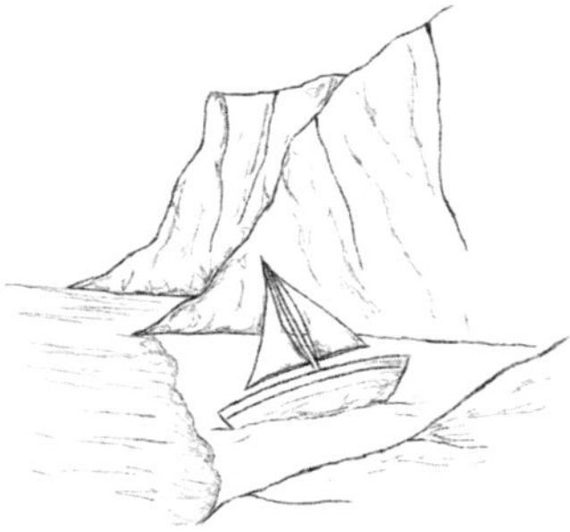

- Dychmygwch eich bod wedi cael eich taflu ar draeth wedi i'ch cwch ddryllio. Rydych ar y tywod o flaen clogwyn serth ac mae'r cwch yn dameidiau. Does yna ddim ateb amlwg sut i ddianc o'r traeth.
- Dychmygwch greu delwedd neu stori am ddianc i ddiogelwch. Does dim raid cyfyngu eich hun i realiti; gadewch i'ch hun ddychmygu eryr aur neu grafanc o'r Mabinogi yn eich codi! Ein meddwl neu ein dychymyg sy'n ein tanio i ddyfalbarhau.
- Isod, nodwch dri cham sy'n arwain at achubiaeth. Ewch dros ben llestri'n llwyr.

Amheuon

Mae yna un noson na wna i fyth ei hanghofio tra bydda i fyw, ac ennill gwobr Llyfr y Flwyddyn efo fy hunangofiant creadigol, *Camu*, oedd honno. Cyfres o ysgrifau creadigol ydi *Camu*, yn cofio profiadau o 'mywyd ac, yn fwy na dim, yn rhannu fy nehongliad i o'r byd fel alcoholig mewn adferiad. Roedd yr ennill yn felys ac yn annisgwyl, a dyma'r noson y gwnes i benderfynu bod yn rhaid i mi ddysgu tawelu amheuon. Mae amheuon yn bwysig i'n cadw ni'n wylaidd, i sodro'n traed ar y ddaear, ond mi allan nhw hefyd ein caethiwo ni mewn anobaith ac, yn waeth fyth, mewn hunandosturi.

Bob blwyddyn, caiff noson ei chynnal i ddathlu cynnyrch llenyddol yn y Gymraeg a'r Saesneg yng Nghymru. Mae yna seremoni a gwobrau ariannol, ond yn fwy na dim mae'n gyfle i ysgrifenwyr, gweisg a siopau llyfrau ddathlu llyfrau. Mae'n cynnig cymuned i unigolion sy'n gweithio fwyaf ar eu pennau eu hunain i ddod at ei gilydd a mwynhau.

Pan ddaeth cyhoeddi dyddiad cau enwebu llyfrau am y wobr, roeddwn i'n anniddig – yn ansicr ai fy lle i oedd awgrymu *Camu* fel ymgais yn yr adran Ffeithiol Greadigol neu a fyddai hynny'n hy ac nad oedd yn dod yn agos at fod o safon i dderbyn cydnabyddiaeth. Roedd yna bobl wedi cysylltu â mi yn canmol y llyfr, ond eto roedd yna ofn mai dim ond bod yn gwrtais oedden nhw ac yn teimlo bechod drosta i.

Byrlymai'r amheuon yn fy mhen gan fy nghadw mewn rhyw gyfyng-gyngor beth oedd orau i mi ei wneud. Mi fyddwn i'n dechrau gyrru neges at ffrind, at y cyhoeddwyr, at awduron eraill oedd wedi ennill yn y gorffennol ac yna, yn y munud olaf, mi oeddwn i'n teimlo'n fychan, yn bitw o bathetig ac yn chwalu'r geiriau.

Roeddwn i'n trio rhesymu efo fy hun fod sgwennu'r llyfr wedi dod â heddwch mawr i mi ac wedi 'ngalluogi i ddeall mwy amdana i fi fy hun ac y dylwn i fodloni ar hynny. Mi esgorodd ar sgyrsiau anodd efo 'nheulu, at lacio drwgdeimlad, ac mi wnaeth hynny f'argyhoeddi yn fwy nag erioed o werth sgwennu. Er bod negeseuon tecst weithiau'n gallu cyfleu sefyllfa yn fwy rhesymol na sgwrs lond emosiwn, mae yna fodd camddehongli a chychwyn storm o bledu geiriau swta a brwnt drwy'r ffonau ac ar lafar, ond roedd yr ysgrifau hyn yn rhoi mwy o le i egluro'n 'iawn'.

Mi lwyddodd *Camu* i newid trywydd fy mherthynas efo fy rhieni yn ôl i fod yn un gariadus ac annwyl, i fynegi fy ymddiheuriad i fy mhlant am achosi gwewyr ac i drio gwneud yn iawn â ffrindiau a phawb oedd wedi dod i gyswllt â mi. Mi wnaeth y gyfrol arwain at ddatblygu cyswllt newydd efo dieithriaid hefyd, ac mae hynny wedi bod yn andros o bleserus.

Pan ddaeth e-bost gan y Lolfa yn dweud eu bod nhw am enwebu'r gyfrol, roeddwn i'n falch na wnes i ddim mynd ar ofyn neb i holi. Mi sylweddoles i y dylwn i ddysgu ymddiried a bod hynny'n ffisig gwerth chweil i drin amheuon. Cyhoeddwyd rhestr yr adrannau ar gyfer y wobr ac roedd fy malchder o gael fy nghynnwys yn wirioneddol bwerus. Doeddwn i ddim wedi disgwyl hyn, ond wrth weld enwau ffrindiau mewn adrannau eraill, roeddwn yn fwy bodlon fyth.

Ar weithdy ysgrifennu ym Methesda, mae Meleri, Gwenno a finnau yn ymfalchïo yn enwebiadau ein gilydd ac yn taeru'n ddulas y bydd pawb ond ni yn ennill. Fi sy'n holi gyntaf be fyddwn ni'n ei wisgo ac mae Gwenno yn bendant mai 'rhywbeth braf' sydd ei angen. Mae'r sylw yma'n fy ymlacio ac yn fy atgoffa mai cydnabyddiaeth i'r gwaith sy'n bwysig, nid y sioe.

Yng Nghaerdydd fydd y noson wobrwyo ac mae'n teimlo fymryn yn niwsans bod yn rhaid teithio mor bell, ond bydd yn gyfle i weld ffrindiau ac i fynd i siopa. Yn digwydd bod, mae fy ffrindiau yn y ddinas i ffwrdd dros y cyfnod. Mae angen rhywun adref i warchod Gruff ac mae fy nwy ferch yn brysur efo'u gwaith, felly mae'n rhaid i mi ystyried ai mynd fy hun fydda i neu wahodd rhywun yn gwmpeini. Mi fydda i'n nabod digon yno, ond mae yna hen ofn a thyndra yn codi yn fy stumog.

Non, y ffrind triw ers 'mod i'n saith oed, ydw i isio wrth fy ochr, ond dydw i ddim isio rhoi pwysau arni i deithio draw o Bontarddulais i Gaerdydd a dychwelyd yr un noson, a hithau angen bod yn ei gwaith y diwrnod canlynol. Ond mae Non yn mopio efo'r cynnig ac mi fydda i'n ein gyrru ni 'nôl o'r seremoni.

Dwi'n gweld Meleri a Gwenno eto cyn y noson, ac mae yna holi am baratoi areithiau 'rhag ofn'. Dwi'n cyfaddef yn syth fod ystyried gwneud araith yn teimlo fel jincsio, ac mae'r ddwy'n cytuno.

Bythefnos cyn y gwobrau, mae yna sgwrs yng Ngŵyl Arall, yng Nghaernarfon, efo panel o rai o'r unigolion sydd wedi'u henwebu. Mi ydw i'n gwbl argyhoeddedig mai'r rhai sydd heb ennill sy'n cael eu gwahodd ac mai dyna pam 'mod i yno. Ac er bod cadeirydd y sgwrs, Leusa, sy'n Gyfarwyddwraig

Llenyddiaeth Cymru, yn siarsio nad ydi'n ymwybodol o'r enillwyr, dwi'n sinig. Dwi'n atgoffa fy hun pa mor gefnogol mae Llenyddiaeth Cymru wedi bod i mi ers imi ddatblygu fy ngyrfa sgwennu i hyrwyddo llesiant.

Erin sy'n ceisio fy sbarduno i ystyried yn iawn beth i'w wisgo. Erin a'i llofft sbâr yn llawn i'r eithaf o ddillad pinc, *leopard*, yn ffrogiau mynd allan, bob dydd a phriodasol, yn esgidiau a bagiau lu, a'r cyfan am eu bod nhw'n ei gwneud hi'n hapus.

Mae gen i sgert a thop fyddai'n 'gneud tro' ond mae Erin yn fy annog i chwilio am rywbeth 'sbesial'. Mae Instagram yn dotio at yr awgrym cyntaf o chwilio am *occasion dress*, a dwi'n ffeindio un ddel a lliwgar heb fod yn ormod o sioe ac mae hi yn y sêl, sy'n cynyddu ei hapêl. Mae yna dwll yn ei chanol i ddangos bol, ond dwi'n cofio fod gen i bais gotwm binc fydd yn cuddio pechodau i'r dim a hen siaced olau i guddio fy mreichiau. Dwi'n ildio rhywfaint i bwysau gan Erin wrth archebu *earrings* mawr euraid sy'n teimlo fel y bydda i'n gwneud ymdrech fawr i sbriwsio fy hun. Ond mae Erin am i mi fynd gam ymhellach. Mae hi wedi cael ewinedd BIAB efo'u blaenau nhw'n amryliw ac mae hi'n awgrymu i mi gael yr un fath.

Mae'r ferch ifanc yn y siop trin ewinedd yn fy nghroesawu yn syth. Wrth weld mor noeth a di-siâp ydi fy ewinedd, mae'n holi oes yna achlysur arbennig. Dwi'n swil ryfeddol ond yn egluro'n chwithig. Hola, 'So you're a writer?' Fel arfer, dwi'n ychwanegu 'mod i'n hwylusydd creadigol ac yn gweithio mewn ysgolion hefyd, ond y bore hwn dwi'n ateb yn syml, 'Yes'.

Mae gallu ateb fel hyn heb geisio cuddio fy mryd ar sgwennu yn teimlo'n fawr ac mae'r dagrau'n llifo. Gwena'r ferch yn annwyl a sôn am ei hymarfer dyddiol hi o gofnodi ei meddyliau yn y bore. Mae'n ddefod bwysig iddi – mae'n gosod larwm i glustnodi amser ar ei gyfer ac mae hynny'n talu ar ei ganfed iddi.

Eglura ei bod hi, ei gŵr a'i mab wedi gadael Vietnam i ddilyn ei huchelgais o fyw yn annibynnol yn lle dilyn y drefn draddodiadol o fyw efo'i rhieni yng nghyfraith a gofalu amdanyn nhw. Mae am fynnu hawliau iddi hi ei hun a phrofi diwylliannau gwahanol, efo'r posibilrwydd o ddychwelyd i addysg uwch eto.

Mae'n sôn am ofn ei rhieni o fod yn dlawd unwaith eto ac am hanes gwleidyddol cythryblus y wlad. Dwi'n rhannu'r ychydig ymwybyddiaeth sydd gen i o'r hanes, ond dwi'n gallu cydymdeimlo efo pryderon y teulu am wynebu heriau ariannol fel sydd yn fy nheulu innau, wedi profiadau o gyni materol. Mae pwysigrwydd cadw celc 'rhag ofn' wedi'i wreiddio'n ddwfn a rhybuddion i beidio â dangos gormod o gyfoeth 'rhag gneud sioe'.

Roedd ei gweledigaeth i ddewis bywyd ehangach iddi ei hun yn gwbl gadarn, er gwaethaf amheuon ei theulu, a dwi'n tynnu'r llaw mae hi'n ei thrin a'i gosod ar ben ei llaw hithau. Mae hi'n deall fy edmygedd.

Dwi'n gadael y salon gan ddotio at fy ewinedd, er bod eu trwch yn teimlo'n chwithig. Mae blerwch fy ewinedd diolwg wedi'i guddio'n llwyr a dwi'n methu peidio'u hedmygu wrth gerdded am adref.

Mae fy nghês wedi'i bacio ers diwrnodau, ac er ei bod hi'n llawer rhy fuan, dwi'n cychwyn ar y siwrnai. Does yna 'run tractor efo llwyth gwair na lorris Mansel Davies i fy arafu i.

Dwi'n cyrraedd Aberaeron ac yn sylweddoli fod angen lladd amser go iawn. Dwi'n cael paned a chacen mewn caffi prysur ac yn busnesa ym mhrysurdeb a hwyl pobl eraill. Mae 'There you go, my love' y weinyddes yn garedigrwydd cyfarwydd pobl sydd wedi cynnig haelioni i mi drwy 'mywyd. Dwi'n teimlo nad oes raid i mi symud o'r caffi, 'mod i wedi cyrraedd y lle mwyaf bodlon a chyfforddus yn fy mywyd. Mae o'n deimlad rhyfeddol o wybod 'mod i'n iawn a does gan Myfi ddim byd i'w gynnig i darfu arno. Dwi'n gwasgu fy llygaid yn dynn i geisio crisialu hanfod a heddwch y foment, gan addo y bydda i'n fy atgoffa fy hun o hyn ar unrhyw gyfnod o ansicrwydd neu ofn.

Mae gweddill y siwrnai hefyd yn gwbl ddidrafferth, a mwyaf sydyn dwi'n cael syniad sy'n fy nharo'n syfrdan, 'Be taswn i'n digwydd ennill yn fy nghategori?' Yn hytrach na mygu'r syniad efo amheuaeth, dwi'n rhoi lle i ystyried y posibilrwydd. Wel, mi fyddwn i'n naturiol yn diolch i'r Lolfa, i Marged, fy ngolygydd gonest ac amhrisiadwy, ac yna i deulu a ffrindiau. Diolch am sobrwydd i gamu 'mlaen at ddyfodol gwell ac i bawb sydd wedi caniatáu i mi gychwyn eto yn fy mywyd, ond mae'r amheuon wrth fy nghwt i rŵan ac yn barod i gnoi.

Mae Mirain, merch Non, yn rhoi croeso gwresog imi ac yn fy helpu i gario'r cês, sy'n llawer rhy fawr am un noson. Mae'n ceisio pwyso arna i i gymryd rhywbeth i'w fwyta, ond does gen i ddim awch bwyd am unwaith. Dwi'n neidio i'r gawod ac yn hanner ystyried peidio golchi fy ngwallt ond yn ailfeddwl munud olaf. Mae fy *fake tan*, eto dan anogaeth Erin, yn dal braidd yn oren er gwaethaf y gawod, ond dwi'n tawelu fy hun drwy gymryd balchder yn fy ymdrech i edrych ar fy 'ngorau'.

A dyma Non yn cyrraedd adref yn famol ac annwyl, yn llawn edmygedd o fy nillad a'r colur. Mae hi'n neidio i'r gawod ac yn dychwelyd ar ei hunion mewn ffrog goch drawiadol ac yn edrych mor hardd, ''Mond New Look 'di!' Mae ganddi'r ddawn o ddewis dillad o archfarchnadoedd neu siopau rhesymol gan edrych yn syfrdanol, a dwi'n sylweddoli nad o'r dillad mae hyn yn deillio ond o allu Non i fod wastad yn iawn efo popeth mewn bywyd. Mae'n gallu sgwrsio efo pawb yn naturiol, yn ymateb efo chwerthiniad i bobl gwerylgar, ac mae hi'n fy lapio mewn sicrwydd. Dwi'n amau fod fy masgara wedi rhedeg yn barod ac mae Mirain yn sychu deigryn.

Mae'r daith yn gwibio heibio efo siarad byrlymus Non, ac wedi i ni gyrraedd dwi'n ei rhybuddio y byddwn i'n hoffi gadael ar fy union wedi'r seremoni. Cytuna Non cyn holi'n syber, 'Wyt ti 'di meddwl be i' ddeud taset ti'n ennill?' Dydw i ddim yn ateb a dydi Non ddim yn symud modfedd. Mae hi'n gadarn, a heb drafod rydyn ni'n troi am y theatr.

Mae hi'n amser i'r seremoni ddechrau a dwi'n brysio am y toiledau. Yno mae Melanie Owen, sydd wedi'i henwebu yn yr un categori â mi, yn fy nghyfarch yn annwyl. Mae hi'n dymuno'n dda i mi, finnau'n rhannu fy amheuon. Yna, mae hi'n rhannu doethineb sy'n fy llorio, 'Sdim ots pwy sy'n ennill. Ni yma dros y merched i gyd!'

Does yna erioed gymaint o awduron benywaidd wedi'u henwebu a dwi innau hefyd yn teimlo fod y llanw yn troi ym myd cyhoeddi Cymraeg. Mae yna lot o brofiadau angen eu lleisio eto yn onest yn y Gymraeg am realiti byw fel merch a dwi'n sythu, yn teimlo egni Melanie yn fy ngrymuso. Does ddim raid i ni amau ein gwerth; mae ganddon ni hawl i gael ein clywed heb orfod cyfiawnhau hynny.

Mae ei chyfrol wedi fy nghyfareddu yn ei hiwmor, ei gonestrwydd am berthnasau efo dynion a'i sylwadau treiddgar a phellgyrhaeddol am dyfu i fyny fel dynes ifanc frown. Dwi'n disgwyl iddi ennill, yn gobeithio y caiff hi'r gydnabyddiaeth mae hi'n ei haeddu am leisio'i safbwyntiau mor huawdl a chryf. Wedi i Melanie adael, dwi'n trio sychu fymryn ar y masgara sydd wedi smyjio ac yn sylwi ar *streak* blêr o *fake tan* o dan fy ngên. 'Stwffio fo, mi wna i'r tro!' – mae dylanwad Melanie yn dal efo fi.

Yr adran Ffeithiol Greadigol sydd gyntaf, a dwi'n teimlo Non yn pwyso'i hysgwydd tuag ata i. Mae fy ngheg i'n sych a'r theatr yn teimlo'n bell ac agos 'run pryd. Daw Gwenllian Ellis i gyhoeddi'r enillydd, a dwi'n cael rhyw reddf ryfedd o synhwyro 'mod i wedi ennill. Mae amser yn arafu ac mae delwedd *Camu* yn llenwi'r sgrin a fy enw'n cael ei gyhoeddi.

Dwi ddim yn gwybod beth i'w wneud ac mae Non yn sibrwd yn bendant, 'Dos!' Felly dwi'n symud ar hyd y rhes ac i lawr am y llwyfan. Dwi'n symud at Gwenllian, yn derbyn ei choflaid a'r darian ac yn troi i annerch y gynulleidfa.

Caf fy nallu gan oleuadau'r theatr, ond drwy'r tywyllwch dwi'n synhwyro cefnogaeth. Dwi'n trio cofio beth oeddwn i wedi meddwl ei ddweud ac yn rhestru fy niolch. Dwi'n cofio 'mod i isio cyfleu'r cariad mae fy rhieni wedi'i gyflwyno i mi at lyfrau a'r modd maen nhw wastad wedi fy nghynnal: rhieni a llyfrau.

Dwi'n gorffen ac yn camu oddi ar y llwyfan, a chofio nad ydw i wedi diolch i'r Lolfa. Mae hi'n rhy hwyr rŵan wedi i'r gymeradwyaeth orffen a'r categori nesaf gael ei gyflwyno. Dydw i ddim yn gallu ymhyfrydu yn y llwyddiant, dim ond gweld bai arnaf fy hun yn dawel. Mae'r amheuaeth yn ei hôl yn llythrennau breision yn gwasgu fel cydwybod. Caiff y gwobrau eraill eu cyhoeddi a dwi'n ymfalchïo yn llwyddiannau pawb, yn arbennig Mel a Gwenno, ond alla i ddim peidio teimlo 'mod i wedi gwneud cawl ohoni.

Caiff y brif wobr ei chyhoeddi ac eto mae fy enw yn cael ei alw. Dydw i ddim yn deall. Mae hyn yn ormod i mi ei ddirnad ac wedyn dwi'n cael fy ngwthio o fy sêt eto gan Non. Dwi'n sefyll ac yn sylweddoli 'mod i wedi rhoi gormod o le i amheuon o bob math drwy fy mywyd. Dwi am berchnogi'r foment, am ddweud wrth yr hogan ar y clawr, *'Mi ydyn ni'n iawn. Mi ydyn ni wedi dod trwyddi. Gei di dynnu dy dafod o dy foch a gwenu led y pen.'*

Y tro hwn, dwi'n diolch i'r Lolfa gyntaf, ac nid tywyllwch ydw i'n ei weld, ond llawenydd a boddhad o fod yn ddigon. Dwi'n perthyn i'r byd llenyddol, lle fues i'n ofni nad oedd gen i hawl i fod yn rhan ohono.

Mae yna dynnu lluniau a llongyfarch a chyflwyno i noddwyr. Am eiliad dwi isio dianc, ond yn gweld Non o gornel fy llygad ar y ffôn ac yn nodio arna i i ailymuno yn y sgwrs. Dydw i ddim wedi dod yn ôl i fywyd bob dydd eto, ond mae Non yn fy sicrhau fod trefniadau wedi'u gwneud i ni aros efo'i rheini ac y bydd Mirain yn dod â phethau draw i ni fel 'mod i'n barod i fynd i stiwdio'r BBC yn y bore. Fues i erioed mor ddiolchgar am ei gallu ymarferol i ymateb i sefyllfaoedd.

Yng nghartref rhieni Non mae yna snaciau'n disgwyl amdanon ni a sgwrsio yn union fel roedd yna yng nghyfnod ein plentyndod. Mae Alwyn a Zohrah yn mopio efo fy llwyddiant ac yng nghyfeillgarwch Non a finnau. Dwi'n teimlo cariad anferth atyn nhw ac yn gwybod bod eu ffydd hwythau wedi cyfrannu at y daith i mi gyrraedd yr union fan hyn heno.

Dwi erioed wedi amau cwlwm cyfeillgarwch Non a finnau, a dwi'n dechrau dysgu bod yn rhaid i mi amau llai o fy ngwerth fy hun.

Ymarfer: Chwalu amheuaeth

Ar hwyliau'r cwch ceir rhubanau bychain a elwir yn *telltales*. Maen nhw yno i fanylu ar union lif y gwynt er mwyn i'r hwylwyr berfformio'n well. Os oes yna gryndod yn y rhubanau 'prepian', mae angen tynhau'r hwyliau neu newid cwrs y cwch. Y rhubanau sydd felly'n diddymu unrhyw amheuaeth.

Yn noson wobrwyo Llyfr y Flwyddyn roedd gen i fyrdd o amheuon, ond mi chwalwyd prepian fy meddwl efo'r llwyddiant.

- Ystyriwch unrhyw amheuon arwyddocaol sydd wedi eich poenydio yn ystod eich bywyd. Ceisiwch fanylu ar yr holl amgylchiadau oedd ynghlwm â'r amheuon, yn onest ond heb feirniadaeth.
- Oedd yna unrhyw werth neu bwrpas i'r amheuon? Ceisiwch feddwl beth oedd manteision ac anfanteision yr amheuon.
- O ddod i benderfyniad, ceisiwch feddwl am strategaethau i ymdopi ag amheuon heb iddyn nhw eich llorio chi'n llwyr. Beth fydd eich *telltales* personol chi i ddiddymu amheuon?
- Cofiwch fod ganddoch chi reddf bwerus o'ch mewn sy'n gallu cynnig sicrwydd, er enghraifft, tyndra yn y

stumog neu 'ysgafnder' o gwmpas y galon sy'n goresgyn amheuon. Sut mae'r 'reddf' hon yn 'siarad' efo chi?

Atebwch y cwestiynau isod.

Gorffwyso a myfyrio

Dwi'n meithrin yr ymarfer o orffwyso, er nad ydi o'n dod yn hawdd i mi. Unrhyw bryd fydda i'n eistedd, mae yna restr o bethau heb eu gwneud yn codi yn fy meddwl i. Dydi cyfnod y peri-menopos a rŵan y menopos ddim wedi helpu hyn. Mi alla i anghofio pethau ar ddim, ac mae o'n frawychus. Dydi nodi pethau'n glir ar galendr ar y wal, ar fy ffôn, a gadael pethau o fewn fy ngolwg cyn gadael y tŷ ddim yn ddigon. Ac o'r herwydd, y munud fydda i'n cofio am dasg sydd angen ei chwblhau, mi fydda i'n codi ar fy union rhag iddi fynd yn angof.

Mae ''Nes i gloi'r car?', 'Dwi 'di diffodd y gwres?', ''Di'n ffôn i gen i?' yn bla. Yn amlach na pheidio, mae fy ffôn yn fy llaw wrth feddwl hyn. Dwi'n trefnu rota i godi fy mab a'i ffrindiau o weithgareddau, dim ond i anghofio'n llwyr amdani ac aildrefnu'r holl beth o fewn eiliadau. Mi alla i dalu ddwywaith am filiau, anghofio sbio yn y drych cyn gadael y tŷ a sylwi ar ddiwedd y dydd fod yna bast dannedd wedi bod ar fy ngên.

Fel arfer, mi alla i chwerthin ac wfftio'r cwbl fel *quirk* o heneiddio ond, dros amser, mae o wedi meithrin arferiad ynof o fod ar fy ngwyliadwriaeth yn barhaus. A dwn 'im faint o weithiau dwi wedi ystyried o ddifri fod dementia wedi gafael ynof fi, ond mai dim ond 'pethe merched' ydi o. Canlyniad hyn ydi fod ymlacio'n teimlo fel stad na alla i fyth ei chyrraedd, hyd yn oed yn fy ngwely. Dwi'n dilyn pob canllaw posib ar sut i dawelu fy hun, ond wrth ymroi i wneud hynny mae yna bryder sy'n teimlo'n 'fawr' ar y pryd, gan wneud imi deimlo 'mod i'n sefyll ar ymyl dibyn sydd ar fin rhoi oddi tana i.

Wedi sgwrsio'n hir efo fy meddyg teulu, mi driais i HRT a darganfod nad oedd hwnnw'n datrys fawr ddim yn y broses o drio ffeindio heddwch chwaith. Roedd y gofidio a'r gorfeddwl wedi bod yn rhan ohono' i ers fy mhlentyndod, ac er bod y newid hormonaidd yn ei ffyrnigo mi nath o, yn bwysicach na dim, fy neffro i fod isio gwneud pethau'n brafiach i mi fy hun. Y menopos orfododd fi i ildio a chyfaddef: digon ydi digon ar boeni'n barhaus.

Doedd gen i fawr o glem beth oedd ystyr y menopos, a dweud y gwir, heblaw am wybod fod y mislif yn dod i ben, ac roedd y gorbryder, yr amheuon a'r meddwl niwlog wedi dod yn rhan o fy ymwybyddiaeth. Ar ben hynny, mae yna newid tymer eithafol, gwylltio'n gacwn heb eglurhad, colli awch rhywiol, diffyg cwsg, newid mewn arogleuon, colli cydbwysedd ac iselder, ymysg llu o symptomau eraill. Y tabŵ cymdeithasol nad ydi merched yn teimlo'r hawl i siarad yn agored amdano o fewn eu teuluoedd ac yn aml eu cymunedau gwaith ydi'r *added extra*.

Mae o'n rhannol yn dristwch o sylweddoli nad ydi merched canol oed yn cael eu gweld yn amlwg o fewn y cyfryngau a'n bod ni rywsut, drwy heneiddio, yn troi'n anweledig. Nid Hollywood yn unig ydi hyn ond yn normalrwydd bywyd bob dydd yng Nghymru. Mae fel petai yna *sell-by date* sydd wedi hen fynd heibio ar fy nhalcen i.

Dwi wedi cael y fraint o weithio ar brosiectau creadigol i godi ymwybyddiaeth am y menopos, ac mae rhoi llefydd saff i ferched rannu eu profiadau heb gywilydd wedi bod yn rhodd arbennig. Mi gafodd criw ohonon ni, artistiaid, gyfle i ddatblygu 'Mwy o'r Menopos' efo Cyngor Gwynedd. Ac yn ystod y flwyddyn o weithgarwch mi glywson ni am ferched yn cuddio'u gofid, yn dioddef yn ddistaw ac yn teimlo'n fethiannau yn eu bywydau. Wedi gyrfaoedd llwyddiannus, teuluoedd bodlon, roedd llawer yn teimlo fel bod popeth yn raflio fel twll sy'n ymddangos dros nos mewn siwmper, ac o fewn amrantiad, roedd holl wead y dilledyn wedi diflannu.

Wrth ystyried bod cyfraddau hunanladdiad merched yng Nghymru a Lloegr ar eu huchaf rhwng 45 a 54 oed, sef cyfnod nodweddiadol y menopos, mae hi'n egwyddor eithriadol o bwysig bod cymdeithas gyfan yn dod i ddeall mwy am y cyfnod. Nid dim ond merched canol oed, ond pawb sy'n dod i gyswllt â'r mamau, chwiorydd, ffrindiau, cyd-weithwyr sy'n mynd drwy'r gwewyr. Oes, mae yna rai merched yn hwylio drwy'r newid hwn heb sylwi, ond mwyaf ydyn ni'n sylwi arno, mwyaf mae o i'w weld yn effeithio ar ferched, teuluoedd a gweithleoedd.

Roedd pob sesiwn creadigol ganddon ni'n cynnwys elfen o fyfyrio neu weithgarwch i ymlacio ar ddechrau'r gweithdy. Yn ddieithriad, roedd yna grio'n digwydd, oedd wedyn yn llacio pwysau'r meddwl wrth eu lleisio'n uchel. Yn amlach na pheidio, roedd yna chwerthin hefyd, yn codi o adrodd am y troeon trwstan wrth i awyrgylch o barch gael ei ddiogelu.

Efallai fod yr uchod i gyd yn swnio'n bregethwrol ac yn amherthnasol o fewn llyfr ar hyrwyddo bodlonrwydd, ond mi alla i ddweud fod y menopos wedi fy nysgu, yn fwy na dim, am bwysigrwydd sylwi a gwarchod fy hwyliau. Os nad ydw i'n cymryd sylw o sut ydw i ac yn ei gymryd o ddifri, mae yna berygl difrifol i fy llesiant i ac i bawb arall o 'nghwmpas. Mae ymchwil gwyddonol yn awgrymu mwya'n byd o straen sydd ar ferched, gwaethygu mae'r symptomau. Allwn ni ddim twyllo'n hunain fod popeth yn iawn, fel mae merched wedi cael eu gorfodi i'w wneud am genedlaethau, a smalio y gwnaiff o basio heb iddo ein niweidio.

Yn y gorffennol, mi fyddwn i wedi ystyried gwylio cyfres ddrama ar y teledu fel gorffwyso, ond mae yna gynnwrf a thensiwn yn rhan annatod o bob drama gwerth ei halen, ac felly dydi hyn ddim yn opsiwn i mi bellach. Wedi dweud hynny, mi wnaeth *Riot Women*, am griw o ferched yn sefydlu band i ymdopi efo'r menopos, wneud i mi ymfalchïo yng ngallu merched i ddiffinio'u hunain o'r newydd, ond roedd yna lot o olygfeydd llawn gofid.

Mi oedd ysgrifennu *Ffenast Siop* am brofiad y menopos efo Carys Gwilym i Theatr Bara Caws yn brofiad gwerth chweil wnaeth ein cefnogi ni'n dwy i brosesu'r cyfnod. Mae gan Carys y ddawn fel actores i fachu cynulleidfa, eu hargyhoeddi nhw o wewyr a'u cael i chwerthin lond bol o fewn eiliadau. Ond roeddwn i angen ateb i'r cyfnodau hyn o fod adref ar fy mhen fy hun yn methu eistedd yn llonydd heb boeni a fy meddwl i'n fy arteithio fel tap yn dripian.

Ac, wrth gwrs, mae'n rhaid i ni weithredu'n fwy radical os ydi'r sefyllfa'n dirywio. Dyma ydi sail a symbyliad pob newid cymdeithasol, ac felly mi fentrais i faes newydd sbon, myfyrio Bwdïaidd. Efallai fod hyn yn swnio'n '*lame*', fel bydd fy mhlant i'n ei ddweud, ond i mi roedd o'n gam mawr. Doeddwn i'n bendant ddim am sôn wrthyn nhw 'mod i'n mynd rhag i mi gael fy nghyhuddo o fod yn ddynes 'New Age' yn colli'r plot. Ar awgrym fy ffrind ysgol triw a llawn cariad, Jnanapadma, mi ymunes i â'r sesiynau myfyrio dros Zoom a hynny yn y Gymraeg. Roeddwn i'n gwybod fod yr anallu i ymlacio'n dechrau dweud arna i o ddifri ac roedd yn rhaid gweithredu.

Ers imi ddechrau mynychu'r sesiynau, dwi wedi dod i ddeall beth ydi darganfod ymlacio ysbrydol, rhywbeth nad oeddwn i wedi'i brofi'n llwyr cyn hyn. Mae o'n gyfuniad o ollwng gafael ar densiwn y corff yn gyntaf ac yna'r meddwl, gan roi ehangder i'r enaid gael ei gynnwys. Alla i ddim ond ei ddisgrifio fel ysgafnder cynnes lle mae yna heddwch tuag ataf fy hun a phopeth arall yn llifo.

Wrth sôn am y sesiynau efo ambell un, mae yna chwithdod yn codi ac amheuaeth yn y gwrandawyr, a dyma sut fyddwn i wedi ymateb erstalwm. Mae yna groeso i bawb – o unigolion sy'n dilyn y ffydd ac wedi'u hordeinio i eraill, fel fi, sy'n chwilfrydig am ffeindio heddwch heb boeni am natur y grefydd ei hun. Ydi hyn yn fy ngwneud i'n rhyw *tourist* neu *voyeur* ysbrydol? Efallai ei fod o, ond mae hefyd wedi fy ngwneud i'n chwilfrydig am y ffydd a phwrpas credoau o bob math yn ein taith at dawelwch mewnol.

Does yna ddim barnu a chwestiynu pam fod neb yno, dim ond gwerthfawrogi bod unigolion ei angen. Ond i mi heddiw mae'r gymuned hon, y *sanga* – y llwyth o unigolion sydd isio heddwch, yn teimlo fel y lle mwyaf ymlaciol sy'n bod. Mi alla i ddweud ei fod o wedi achub fy mywyd i, a dydw i ddim yn ei ddweud yn ysgafn. Dwi'n ymwybodol nad ydi hynny o eiriau dwi wedi'u cynnig yn gallu cyfleu rhinweddau'r sesiynau, ond os allwch chi ddychmygu bod mewn môr tymhestlog, wel, mae ymuno efo'r *sanga* fel cael eich codi i fad achub a'ch cario i'r tir.

Does yna ddim smalio'i fod yn hawdd ond yn hytrach cydnabod y rhwystrau o bob math yn agored, a pheidio gwadu heriau ond eu derbyn. Fi sydd i benderfynu faint ydw i'n dewis ei ddioddef ym mhob sefyllfa a dwi'n dal i orfod atgoffa fy hun o hyn wrth i mi ddechrau mynd i ben caets. Yr hyn dwi wedi'i brofi ym mhob un o'r sesiynau ydi'r ymdeimlad o orffwys ysbrydol, meddyliol a chorfforol. Dydi'r problemau ddim yn diflannu ond mae yna newid agwedd tuag atyn nhw, a dwi'n gallu eu derbyn efo gras.

Bob pythefnos mae'r sesiynau, a rhwng y cyfnodau hyn mi fydda i'n eistedd mewn tawelwch, yn cau fy llygaid ac arafu fy anadl. Mi fydda i'n teimlo pwysau fy nghorff yn cael eu cynnal gan y gadair ac yn dychmygu pob rhan yn ymlacio, o fodiau fy nhraed at fy nghorun. Dydi o ddim yn brofiad mor ddwfn ag yng nghwmni'r *sanga*, ond mae o'n rhoi heddwch nad ydw i'n ei brofi fel arall yn fy mywyd beunyddiol.

Yn y sesiynau mi fyddwn ni weithiau'n gorffen drwy anfon *metta*, cariad caredig, atom ein hunain ac at y bobl o'n cwmpas. Mi fyddwn ni'n ystyried unigolion rydyn ni'n cael trafferth efo nhw, pobl rydyn ni'n teimlo'n 'niwtral' amdanyn nhw, gan orffen efo rhai rydyn ni'n eu caru'n angerddol ac yn dod â hunangariad sydd mor hawdd ei anghofio. Trwy feddwl am yr unigolion a'r weithred o yrru cariad, mae yna newid yn digwydd yn fy nghorff; mae gofidiau'n ysgafnhau a rhyw eglurder am rinweddau bywyd, er gwaethaf yr anawsterau, yn llifo drwyddo i.

Wrth fynd â'r ci am dro yn Cei Llechi, mae yna faner efo'r gair 'Gorffwys' yn tynnu fy sylw a dwi'n meddwl tybed ydi o'n wir ein bod ni'n gallu dylanwadu ar y realiti o'n cwmpas? Ydw i, fel wrth ymarfer y *metta,* wedi gallu dylanwadu'n gadarnhaol ar fywydau'r unigolion roeddwn i'n meddwl amdanyn nhw? Dro ar ôl tro, mae tystiolaeth yn profi y gall torf sy'n cydfyfyrio newid yr amgylchiadau o'u cwmpas i hyrwyddo egni heddychlon, a dwi isio credu hyn hyd yn oed heb waith ymchwil gwyddonol.

Mae'r faner wedi'i gosod ger y man lle caiff y cychod eu codi o'r harbwr i gael eu trin dros y gaeaf. Cânt eu rhoi mewn ardal ddynodedig ar y cei a'u dal ar brops pren, neu fetel os yw'r cychod yn fwy. Trwy'r ffens ddiogelwch, dwi'n mopio gweld y gweithwyr yn bwrw iddi i sandio o dan y cychod, eu trin ac yna'u peintio efo gofal. Caiff pob cwch ei adfer yn fersiwn ffresh o'r lliwiau a'r streipiau sydd wedi pylu efo'r heli.

Does yna ddim disgwyl i'r cychod ddychwelyd i'r dŵr tan y gwanwyn, ac mae'r saib hwn yn teimlo fel clwydo yng nghysgod ei gilydd tra bo'r tywydd ar ei fwyaf garw. Dwi'n hoffi meddwl amdanyn nhw'n dal i gadw llygad ar y môr gerllaw, yr adar a'r bobl leol fel fi sy'n cael golwg newydd, fwy cyflawn ohonyn nhw. Sgwn i ydyn nhw'n teimlo'n 'noeth' heb ddŵr arferol yr harbwr amdanyn nhw?

Dinoethi ydi myfyrio i mi, yr ymlacio dyfnaf un. Y gallu i ollwng gafael ar oruchwylio'r byd rhag peryglon a throi o'r byd materol at y byd ysbrydol, mewnol. Mae amser yn pylu, fy nghorff yn diflannu rywsut, a dwi'n teimlo'n un â'r byd. Dydw i ddim yn unigryw, dim ond yn gyfran fach o gyfanwaith llawer mwy.

Ymarfer: Clwydo drwy ymlacio

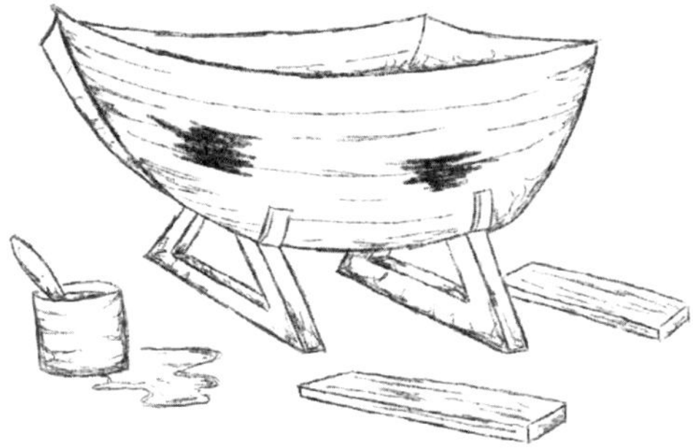

- Dychmygwch gael eich gosod fel cwch ar y cei. Rydych wedi'ch cynnal yn ddiogel fel nad oes perygl ichi gael eich dymchwel.
- Wrth ddychmygu'ch corff yn cael ei sganio, ceisiwch synhwyro lle sydd angen sylw.
- Os oes yna densiwn, pa fath o sylw fyddai'n rhyddhau'r teimlad anghyfforddus hwn?
- Os mai bodiau eich traed sy'n dynn, dychmygwch eu rhoi mewn mwd cynnes a braf.
- Crëwch brofiad synhwyrus unigryw fel pecyn maldod wedi'i saernïo'n berffaith i chi. Ceisiwch ymroi i deimlad o gael eich cynnal gan y props, boed hynny'n gadair rydych yn eistedd arni neu yn y cyswllt rhwng eich traed a'r ddaear. Teimlwch y rhyddhad sy'n dod o ollwng eich pwysau a chofiwch anadlu'n ddwfn i ryddhau unrhyw densiwn sydd ar ôl.
- Yna ystyriwch eich meddwl. Oes yna ofidiau sydd angen maldod? Allwch chi eu hystyried nhw heb deimlo unrhyw gynnwrf? Dychmygwch eich bod yn edrych

arnyn nhw o bell heb fynd yn 'sownd' ynddyn nhw.

- Dymunwch y gorau i chi eich hun fel y cwch sydd wedi'i adnewyddu. Teimlwch yn hyderus y gall wynebu stormydd a gosteg wedi'r cyfnod o sylw a gofal.
- Ystyriwch sut fydd hi'n teimlo i gael eich gosod yn ôl yn y môr fel cwch yn barod am antur newydd.

Gaeaf y galon

Ar ddechrau un wythnos ym mis Tachwedd, dwi'n cael neges gan fy ffrind yn fy hysbysu ei bod hi'n dod i aros y nos Wener honno. Mi fyddwn ni'n mynd i weld Gwenno, y gantores Gymreig a Chernywaidd, yn perfformio yn Neuadd Ogwen. Mae'r tocynnau wedi'u harchebu a dydi Marian ddim yn mwynhau gyrru adref yn y tywyllwch, felly aros yng Nghaernarfon ydi'r ateb.

Dwi'n cloffi, gan ddweud fod yna ddwy lofft yn y broses o gael trin eu tamprwydd a bod y tŷ a'i ben iddo. Mae yna lwch yn dew ac mae unrhyw lanhau yn ofer wrth i'r gweithwyr fwrw yn eu blaenau'n ddygn. Egluraf fy mod i'n cysgu mewn llofft sy'n llawn cynnwys y llofftydd gweigion, ond dydw i ddim yn ychwanegu fod y gwaith bron â 'ngwthio i dros ddibyn emosiynol. Mater o drwch blewyn sydd yna rhag i mi fynd i grio efo'r pethau lleiaf un, ond rywsut mae anwyldeb y ddau weithiwr a 'ngallu i gynnig paneidiau llawn siwgr yn fy nghadw i fynd. Mae eu sgwrsio tawel dros eu paneidiau'n dod â heddwch i'r tŷ ac er na alla i ddeall cynnwys eu sgwrs, mae yna gysur yn dod o'u hymroi llwyr nhw i seibio, yna ymgolli'n llwyr yn eu gwaith a chyflawni gwyrthiau.

Dydi Marian ddim yn derbyn dim o hyn ac mae'n wfftio fy esgusodion tila. Mi fydd hi'n berffaith hapus ar y soffa. Dwi'n sylweddoli bod fy ffrind hefyd yn gweld 'mod i angen cwmni a bod yr ymweliad yn llawer mwy na chyfle i fwynhau Gwenno. Mae gwybod hyn yn cynhesu fy nghalon.

Cofiaf y bydd Gruff efo'i dad y noson honno ac felly gallaf gynnig ei wely o i Marian. Gan fod Gruff yn mwynhau trefn a chadw pethau yn eu lle, dim ond mater o newid gwely fydd hi. Dwi'n teimlo rhyddhad mawr ac yn anfon neges at Marian. Mae hi'n ateb 'Briliant' ac yn rhoi gwybod y cyrhaeddith hi ganol pnawn.

Dwi angen treulio amser efo Marian i drio mopio rhywfaint ar y tristwch a bydd ei hegni positif yn llesol i mi. Ers i mi fod yn aros efo hi ganol Awst, mi ydw i wedi syrthio'n is i dywyllwch o deimlo fod bywyd yn llwm. Dwi'n cael pleser o weithio ar brosiectau creadigol o fewn cymunedau, o fod efo fy mhlant a ffrindiau, ond y munud dwi fy hun, mi ydw i 'nôl yn fflat.

Mae yna lanast byd-eang drwy ryfeloedd a hil-laddiad, a dwi'n cofio mor freintiedig ydw i efo cartref diogel, teulu cariadus a ffrindiau hael. Dwi'n cofio'r ymarfer roeddwn i'n ei wneud yn ddyddiol ar ôl imi benderfynu rhoi gorau i yfed alcohol: deffro a rhestru deg peth roeddwn i'n ddiolchgar amdanyn nhw. Mi ydw i'n cyrraedd pymtheg ar fy union ac mae yna bwysau yn codi o fy ysgwyddau.

Rhywle, yn nyfnder fy mod, dwi'n llwyddo i ryddhau gwên a dwi'n deall 'mod i *yn* iawn ac yn symud yn fy mlaen efo 'mywyd fesul cam bychan. Dwi'n dychmygu anfon neges WhatsApp i Myfi a fi fy hun efo lot o galonnau, breichiau yn dangos bôn braich, a geiriau'n dweud, 'Ma'r gwaetha drosodd – mi ydyn ni'n gneud yn dda! Dim mwy o anobeithio gwirion!'

Yn fy nychymyg, dwi'n dileu 'gwirion' ac yn trio dangos anwyldeb at bob dim dwi'n ei leisio a'i brofi ond hefyd yn sylweddoli 'mod i angen stopio tindroi mewn unrhyw sefyllfa o 'bechod drosta i'. Wrth newid agwedd, mae yna egni newydd yn dod i fy nghyffroi am gael Marian draw. Cynlluniaf swper i ni, ystyried pa ddillad sydd o fewn cyrraedd i mi ar gyfer y noson a throi at ysgrifennu efo awch.

Pan gyrhaedda Marian y nos Wener honno, mae'r sgwrs yn fyrlymus a'r chwerthin yn braf. Fel hyn mae hi wedi bod rhyngom ni ers inni gwrdd yn ddwy athrawes ifanc mewn ysgol uwchradd yn dianc i gaffis dros ginio, yn breuddwydio am fod yn rhydd o fyd addysg ac yn trafod cynllunio tai a dillad.

A hithau yn ei chwedegau, dydi Marian heb newid dim. Gwisga ddillad trawiadol, ei gwallt yn ffasiynol a'i gemwaith yn fflachio efo'i sgwrs. Mae yna asbri naturiol at fywyd ynddi hi; greddf gwraig fferm o ddeall bod colledion yn rhan o drefn natur, ond y gall *sticio iddi* i gynnig cefnogaeth ddatrys myrdd o boenau.

Siopa dillad ydi dihangfa Marian a dwi'n dotio at y ffordd mae hi'n dal i fod mor ifanc ei ffordd, heb unrhyw ffalsrwydd. Mae ganddi hyder yn ei gallu i wisgo cyfuniadau o liwiau a steiliau heb fyth edrych yn chwithig na'i bod hi'n ffysian gormod am ei gwedd. Sylweddolaf ei bod hi'n gyfforddus ynddi ei hun, sy'n deillio, nid o'r dillad, ond o fod â ffydd ei bod hi'n gwneud ei gorau ym mhob sefyllfa.

Sawl tro, dwi'n ymroi i grio ac yn boenus am y dyfodol, ond mae gan Marian y gallu i gydnabod y tristwch a throi'r stori at helynt llawn chwerthin. Mae rhaid i mi bicied dair gwaith i nôl cynhwysion dwi wedi'u hanghofio o Tesco, a daw Marian efo fi bob tro i barhau'r sgwrs. Dydi hi ddim yn feirniadol, dim ond yn dweud heb lol, 'Cym on dden', a ffwrdd â ni yn y car.

Sylweddolaf ar fy union mai dyma ydi'r gamp wrth ddod ar draws heriau yn ein bywyd ein hunain a bywydau pobl eraill: rhoi sylw dyledus i'r boen ond heb roi gormod ohono nes ei fod yn tyfu i fygu unrhyw obaith o groesawu goleuni newydd yn ei ôl.

A ffwrdd â ni am Fethesda. Does gan Marian ddim syniad lle ydyn ni wrth deithio ond mae hi'n llawn hwyl, yn poeni dim am sut gyrhaeddwn ni'r gìg. A daw yna eglurder fel cloch yn canu mai'r ymollwng hwn i ymddiried y bydd popeth yn iawn sydd ei angen arna innau.

Wrth gamu i mewn i'r neuadd, mae yna hen nerfusrwydd yn cydio yn fy mol; cofio 'nôl i fod yno'n feddw a phoeni beth mae pobl yn ei feddwl ohono' i. Ond dwi'n gweld wynebau cyfarwydd ac maen nhw'n falch o fy ngweld, a dwi'n gwirioni o'u gweld nhwythau. Chwerthin ydyn ni'n syth wrth bitïo bod y seddi wedi'u cadw ac y bydd disgwyl i ni sefyll am y noson.

Llynca'r tywyllwch a'r gerddoriaeth y nerfusrwydd a dwi'n un ymysg y dorf yn chwilio am wefr y perfformiadau byw. Pan ddaw Gwenno ar y llwyfan, mae'r dorf yn miniogi ei sylw ac yn symud tua'r blaen. Mae'n cymryd ei hamser i setlo o flaen ei hallweddellau gwyn a thanio canhwyllau ar ei chandelabra. Mae ei gofal yn fy atgoffa o fod mewn gwasanaeth eglwysig: y creu awyrgylch drwy ddefodau gan gau'r byd allanol drwy ymlonyddu. Ymddiheura ei bod yn llawn annwyd a dangosa fŵg o fêl a lemon sy'n help iddi ddal ati. Dydi Gwenno chwaith ddim yn poeni am ei delwedd *rock and roll*; gofalu amdani ei hun sy'n bwysig.

Yn ei ffrog ddu a'i gwallt golau trawiadol, mae egni'r lleuad o'i chwmpas; mae ganddi bresenoldeb llwyfan, nid ar sail ymdrech arwynebol i wefreiddio, ond yn sgil pŵer mewnol heddychlon. Er ei bod yn fy atgoffa o'r ddelwedd eiconig, rywiol a chwaraeai Marilyn Monroe, dwi'n synhwyro mai steilio ar ei chyfer ei hun y mae Gwenno. Does yna ddim arlliw o boeni beth fydd ymateb pobl eraill; mae hi yma ar ei thelerau ei hun.

Mae hi'n annerch y dorf efo diolchgarwch a thynerwch cyn cyflwyno caneuon sy'n mynd y tu hwnt i berfformiadau graenus proffesiynol; mae'r rhain yn ganeuon sy'n lleisio angerdd yr enaid. Pwylla i dderbyn cymeradwyaeth, i gyflwyno cefndir caneuon Cernyweg, a bwrw'r un dyfnder ysbrydol dro ar ôl tro. Mae'r band yn y cefndir yn wefreiddiol ond yn gynnil yn eu presenoldeb, a does yna neb yn awchu am sylw yn fwy na'i gilydd. Mi alla i synhwyro'r ddealltwriaeth gyfrin ac mae'n hudolus i'w gwylio.

Dwi'n gwybod bod fy masgara i'n rhedeg efo'r dagrau; ond rhyddhad sy yn y crio hwn, o wybod 'mod i'n dysgu yn arafbach i ddod i delerau efo 'mywyd. Fel dwi'n ystyried hyn, cyflwyna Gwenno gân am ddod allan o aeaf y galon; mae'r amseru'n berffaith, ac wrth i Marian droi ata i, dwi'n cadarnhau mai teimlo'n eithriadol o ddiolchgar ydw i, nid trist.

'Eus Keus' sydd nesaf, ac mae Gwenno'n ein hannog i ymarfer galwad y gytgan mewn Cernyweg am fwy o gaws. Caiff awyrgylch y neuadd ei drawsnewid yn barti hwyliog. Rydyn ni i gyd fel torf yn derbyn y cais i lafarganu'n uchel ac, fel y dywed Gwenno, weithiau y cwbl sydd ei angen arnon ni ydi caws. Rhanna Gwenno ei balchder o deithio ysgolion yng Nghernyw a chael plant i floeddio'r gân, a phwysigrwydd hwyl er gwaethaf tranc y Gernyweg. Y teimlad llawn a boddhaus sy'n dod o fwyta caws blasus deimlwn ni i gyd wrth ddawnsio.

Mae Marian a finnau'n cofio ein hoffter o rôls Cambozola o'r deli pan oedden ni'n dysgu yn Llanelwy, ac yn cofio cyfogi wrth i mi frathu ar flewyn yn un ohonyn nhw. Allwn ni ddim manylu ar y cofio, achos mae yna gân arall yn dod i hoelio'n sylw ni.

Gadawaf y neuadd yn ddiolchgar am y cyswllt dwi wedi'i

deimlo drwy'r noson, ac mae hynny'n parhau dros fara a chaws wedi i ni gyrraedd adref. Dwi a Marian yn gwybod fod yna swyn yn ein perthynas ni, fel sydd ym mhob cyfeillgarwch – diolch i'r gallu i dreiddio'n ddwfn, mwynhau cwmni ein gilydd a chodi ein gilydd yn ôl at wanwyn y galon wedi'r gaeaf.

Ymarfer: Mentro o'r ogof

- Ystyriwch gyfnodau lle rydych chi wedi gorfod cysgodi mewn 'ogof' oherwydd heriau bywyd. Sut oeddech chi'n gwybod pryd i fentro allan yn ôl i ymuno â bywyd cyffredin?
- Isod, nodwch dair gweithred i'ch arfogi i fentro o'r ogof, e.e. dewis dillad sy'n rhoi teimlad cynnes, mynd am gawod a chymryd balchder yn eich ymddangosiad. Wrth gwrs, weithiau, rydyn ni'n mentro'n rhy fuan i'r byd 'go iawn', ond os ydych chi wedi wynebu cyfnod pan oeddech wedi gorfod ynysu eich hun, gwnewch yn siŵr fod ganddoch chi *exit plan* wedi'i gynllunio ar gyfer pob sefyllfa. Cofiwch, mae difaru mynd weithiau yn well na pheidio mentro o gwbl!

Angori

Saif clamp o angor, ar y tir sych, yn Noc Fictoria, Caernarfon, o fewn hanner milltir i fy nghartref. Dwi'n mwynhau mynd ato i wylio'r haul yn machlud, teimlo'r metel a'r carn pren hynafol ar ei ben o. Gwyra'r angor i un ochr, fel tasa fo'n mwynhau ei ymddeoliad oddi wrth y dŵr.

Yn y concrit o dan yr angor mae yna gylch yn dynodi pedwar cyfeiriad y cwmpawd, ynghyd â'r pedwar is-gyfeiriad sydd rhwng y rheini. Does yna ddim llythyren i nodi yn union i ba gyfeiriad mae'r Gogledd, ond mae'n fy atgoffa fod yna gadernid cyfeiriad cwmpawd yno o hyd. Mae'r gwrthgyferbyniad rhwng gallu'r cwmpawd i gyfeirio wrth deithio a gallu'r angor i sefydlogi a gorffwyso yn gwneud synnwyr perffaith wrth ystyried fy hwyliau. Alla i ddim 'adnabod' fy hwyliau heb bwyllo i sylwi arnyn nhw.

Ar drip i Lerpwl efo Gruff dros wyliau hanner tymor, dwi'n teimlo tynfa'r ddau rym, ond tydyn nhw ddim yn tynnu'n groes. Yn hytrach, maen nhw'n cydbwyso'n berffaith.

Mae yna fwrlwm yn y ddinas ac yn reddfol mae Gruff yn closio ata i wrth i ni gerdded. Dwi'n baglu'n barhaus ac ar fin ei rybuddio i gadw ei bellter. Yna daw'r sylweddoliad o fewn dim – pan fydd yn cychwyn yn yr ysgol uwchradd, beryg na fydd o isio dod yn agos ata i. Mae doethineb yn angor i garlam fy meddwl a dwi'n rhoi braich am ei ysgwydd.

Cyn hir, mae Gruff yn dechrau swnian am gael mynd i siop Lego ond rydw innau am fanteisio ar y cyfle i drio dillad i briodas Erin. Mae'n troi ata i a gwenu ei 'plis', a dwi'n cytuno ar yr amod y bydd o'n amyneddgar efo finnau wrth imi drio dillad. Caiff bargen ei tharo ac i mewn â ni i'r siop lachar.

Sylwaf ar lu o blant yn trio argyhoeddi eu rhieni i brynu bocsys ac yna'r strancio yma ac acw wrth i'r rhieni dynnu sylw at bris, at labeli addasrwydd oed ac at beth sydd adref yn barod. Maen nhw, fel finnau o bosib, yn ysu am baned neu am gael dilyn eu hynt eu hunain.

Ond, diolch byth, mae yna ddigon o gorneli efo cafnau o Lego rhydd i gynnig gollyngdod i blant chwarae. Er bod y bocsys sydd ar y silffoedd yn addo creadigaethau perffaith, dim ond boddhad untro sydd ynddyn nhw. Dwi'n cofio mai dychmygu bydoedd o lanast y darnau yn gymysg â'i gilydd oedd yn cynnig difyrrwch dyfnach imi yn blentyn.

Rydyn ni'n gadael y siop yn waglaw oherwydd bod Gruff yn gyndyn o ddod i benderfyniad am wario ei bres ei hun, ac mae yna werthfawrogi bod gormod o ddewis yn gallu ein llethu ni.

Wedi i minnau gael trio dillad a Gruff yn rhoi adborth plaen ei dafod yn groes i sylwadau dynes y siop, mi ydyn ni'n bwrw yn ein blaenau i amgueddfa Quirky Quarter. Amgueddfa yn llawn *optical illusions* ydi hi ac mae'r lle yn ein hudo ac yn gwneud inni ryfeddu. Caiff ein synhwyrau eu twyllo drwy ddrychau, persbectif a symudiad.

Mae yna gylch o batrymau du a gwyn sydd, o'i droi, yn datgelu lliwiau lu. Eglura'r dyn ifanc sydd wrth stondin disg Benham fod gallu pawb i weld lliwiau yn gwbl unigryw, ac mae'n fy nharo mai rhywbeth felly ydi'n hymateb ni i sefyllfaoedd bywyd. O ollwng handlen y ddisg, dychwela'r marciau du a gwyn heb unrhyw arwydd o'r 'lliwiau' llachar oedd yno eiliadau ynghynt. Wrth bwyllo, gall eglurder ein hailfeddiannu a dwi ’nôl ym myd y cwmpawd a’r angor.

Mi all fy meddwl i droelli fel disg Benham yn chwyrlïo efo llif fy emosiynau, ond alla i ddim ymddiried bod fy meddyliau na fy emosiynau wastad yn adlewyrchu ‘gwirionedd’ unrhyw sefyllfa. Dwi angen llonyddu fel angor, dod allan o ‘storm’ fy emosiynau er mwyn gallu ymateb, ac nid adweithio’n fyrbwyll i sefyllfaoedd.

‘Oedd hynna’n hwyl, ’doedd, Mam?’ oedd sylw Gruff wrth adael yr amgueddfa. ‘Ond gawn ni fynd ’nôl i’r siop Lego?’

Dwi ar fin gwrthod ei gais ond yn chwerthin yn lle hynny, ‘’Di’r lle ’ma ’di dysgu tricie i ti, do?’

‘Jyst sbio eto ’de, Mam, i fod yn siŵr!’ gwena Gruff. ‘Ac wedyn gawn ni banad a cacan, ia?’

Dwi’n hoffi ei ‘i fod yn siŵr’ o; mae’n sôn am ymddiried ynom ein hunain, ac mae hynny’n deimlad braf. Yr angor anferth ’nôl adref sy’n dod i fy meddwl. Dwi’n gwybod mai perthyn i long hyfforddi forwrol, HMS *Conway*, oedd yr angor hwn ac yn dychmygu mor fawr oedd y llong ei hun i fod angen angor mor nobl. Mi aeth hi’n sownd wrth gael ei thynnu o’r Fenai am Gaernarfon a chael ei dryllio gan y creigiau cyn ei difetha’n ulw gan dân. Arhosodd yr angor yn gadarn er gwaethaf y difrod i’r cwch.

Pan fyddwn ni’n pasio’r angor, allith Gruff ddim peidio cael ei ddenu i’w ddefnyddio fel ‘sleid’ neu ffrâm ddringo. Er i’r angor gael ei gynllunio i bwrpas penodol, mae ei ddefnydd yn parhau i esblygu er bod yr HMS *Conway* wedi hen fynd.

Ystyriaf o ddifri beth ydi’r elfennau yr hoffwn i eu gadael ‘ar fy ôl’, boed hynny ar ôl sgwrs efo dieithryn mewn amgueddfa, yn fy ngwaith, mewn perthynas o bob math, neu fel egni wedi i fy nghorff ddarfod.

Mi hoffwn i fod wedi trosglwyddo heddwch, caredigrwydd,

dewrder ac, yn fwy na dim, y gallu i weld meddalwch ymhob tywyllwch: y gallu i fod yn fodlon, er mor anodd ydi hynny ar adegau. Ydw i wedi gallu gwneud hyn heb chwerwi, gwylltio, cenfigennu a'r holl emosiynau 'negyddol' eraill? Wel, naddo siŵr! Ond dwi wedi bod yn cadw llygad arnyn nhw heb deimlo cywilydd, yn oleudy craff.

Os galla i angori fy hun mewn rhyw emosiwn, cariad ydi hwnnw. Dwi wedi gorfod tyrchu'n ddwfn am hunangariad dros y misoedd diwethaf a phan oedd o'n anodd ei ffeindio, mi oedd gen i fflyd o deulu a ffrindiau yn ei gynnig yn hael. Trwy'r gefnogaeth, dwi wedi dysgu derbyn fy hun fel ydw i; dwi wedi gweld 'mod i'n ddigon, fy mod i'n cael fy nhrysori gan rai, fy wfftio gan eraill. Ond os alla i ddal gafael ar fy hunangariad, a' i ddim yn bell o fy lle. Nid golwg eraill ohono' i sy'n cyfri ond fy ngallu i fod yn dyner efo mi fy hun. Ond mae raid i mi hefyd gymryd cyfrifoldeb am fy ngweithredoedd, fy ngeiriau a fy meddyliau fy hun, hyd yn oed pan maen nhw yn llais Myfi.

Dwi'n meddalu i wneud pethau nad ydw i awydd eu gwneud bob tro, rhywbeth i newid fy hwyliau – boed hynny'n fynd allan i'r awyr iach i chwilio am arwyddion cadarnhaol gan y byd naturiol neu ailymweld â siop Lego brysur gan wybod y bydd hynny'n llonni fy mab.

Fesul tipyn, dwi wedi sylwi fwy a mwy ar fy modlonrwydd a'm hapusrwydd. Dydw i ddim wedi'u ffeindio nhw bob dydd, ond pan dwi'n eu teimlo nhw, dwi'n eu trysori ac yn siarsio fy hun i gofio mor braf ydyn nhw ac i ddyfalbarhau i geisio'u cyrraedd.

Sylwch ar eich hwyliau a chofiwch fod ganddoch chi wastad hawl i'w lapio nhw'n dynn os ydi'r gwynt yn rhy eger a ffyrnig. A phan fyddwch chi'n meddwl eich bod chi'n barod am siwrnai newydd, gadwch nhw allan, i weld be ddaw! Ond cofiwch am gwmpawd eich calon, a'r un sydd yn eich meddwl, all eich cefnogi chi i newid cyfeiriad eich hwyliau at rai ysgafnach.

Ymarfer: Cylch bywyd

- Dychmygwch yr egwyddor bwysicaf un i chi er mwyn gallu byw'n fwy bodlon ac yn hapusach eich byd. Yr egwyddor hon ydi ein cylch bywyd personol ni. Nid dibynnu ar bobl eraill i'w daflu atom ni ydyn ni ond gwybod ei fod o fewn cyrraedd y tu mewn i ni. Mae yno i'n codi rhag boddi ar ddiwrnodau anodd. Nodwch yr egwyddor yn gryno o fewn y cylch.

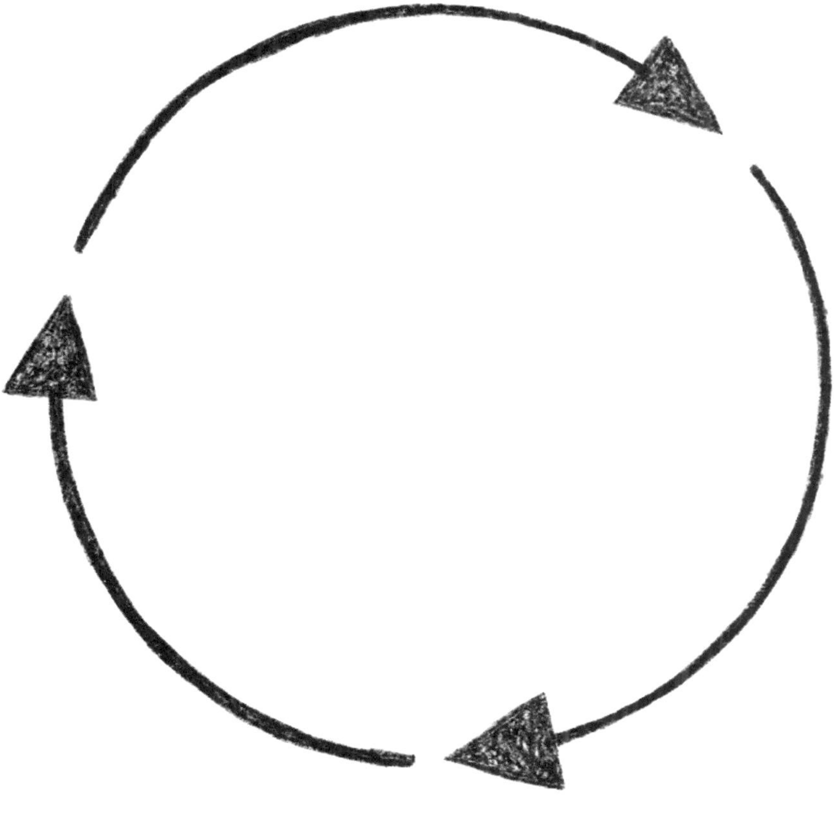

Maniffesto sut i fod yn hapus

Fel plaid wleidyddol, dwi isio creu maniffesto sy'n datgan fy mwriad i fyw mor hapus a bodlon ag y galla i. Dwi'n ei rannu efo eraill er mwyn dangos fy ymrwymiad. Trwy gyhoeddi hwn, dwi hefyd yn rhoi cyfle i unigolion fy atgoffa os ydw i'n crwydro oddi wrth y weledigaeth.

Dydw i ddim am 'fwynhau' trallod fel dwi wedi'i wneud yn y gorffennol a dydw i ddim am fod yn *victim*. Dwi am gymryd cyfrifoldeb dros fy hwyliau ac os bydd yna rwystrau'n codi, mi wna i eu hwynebu heb 'ddrama'.

Felly dyma ni! Dwi am wneud y canlynol …

1. **dewis hapusrwydd, hyd yn oed pan mae ymateb yn negyddol yn teimlo'n haws**
   Mi wna i sylweddoli a chydnabod mai fy nghyfrifoldeb i ydi chwilio am ffyrdd o godi fy nghalon. Dwi'n gwybod bod symud yn gorfforol, anadlu bwriadol a dwfn, cysylltu efo ffrindiau, eistedd, myfyrio a gwrando ar fabi'n chwerthin llond ei fol yn rhyddhau anfodlonrwydd, hunandosturi a rhwystredigaeth, ac felly dwi am roi cynnig ar o leiaf ddau o'r rhain pan fydda i yn y lle tywyll hwnnw.

2. **derbyn pob emosiwn dwi'n ei deimlo ond gan droi at rai mwy calonogol wrth gyrraedd stad 'niwtral'**
   Fydda i ddim yn gwadu'r hawl i deimlo emosiynau 'anodd' ond yn hytrach yn sylwi arnyn nhw. Wedi i mi dawelu, mi fydda i'n trio ymchwilio'n ddyfnach ac yn eu henwi nhw mor fanwl â phosib. Yn hytrach na dewis y labeli 'mawr', 'cyffredinol', fel 'ofn' neu 'gwylltineb', mi fydda i'n ystyried a oes yna elfen o genfigen, ansicrwydd neu amheuaeth. Mae'r weithred hon yn ein tynnu ni o'r *amygdala* yn yr ymennydd – y rhan sy'n profi ac yn adweithio i emosiynau, y *fight or flight,* at y *prefrontal cortex* – at brosesu mwy rhesymol a chreadigol. Mi allwn ni wedyn ymarfer y gallu i symud yn gynt o ymateb emosiynol adweithiol i un mwy myfyriol.

   Dwi am feithrin goddefgarwch at fy emosiynau a derbyn fod y ffyrdd dwi wedi ymateb yn y gorffennol wedi bod yn amddiffynfa gadarn bryd hynny, ond 'mod i isio datblygu strategaethau newydd a grymus. Mae'n bwysig i mi wastad gofio bod gwylltio yn egni pwysig i fy niogelu, i fy ngyrru 'mlaen i weithredu drwy heriau ac nad oes yna elfen o gywilydd ynddo, yn arbennig fel merch. Dydw i byth isio bod yn ddynes 'oddefgar' a 'phitw' sy'n cydymffurfio a mygu fy anfodlonrwydd, ond mae'r gallu i fyfyrio yn amhrisiadwy.

3. **cadw golwg ar yr amser dwi'n ei dreulio yn teimlo'n ddigalon, yn ofnus a phryderus am beth all fynd o chwith**
   Mi alla i gydnabod bod gen i *default* naturiol at deimlo'n ddigalon a bod hynny'n deillio o ddychmygu

canlyniadau catastroffig. Mae hyn yn gwbl naturiol ac yn deillio o reddf gynoesol i'n cadw ni'n fyw rhag anifeiliaid rheibus. Ond mi alla i ystyried mantras cadarnhaol sy'n tystio 'mod i wedi gallu goroesi pob un her yn fy mywyd rywsut. Mi alla i ddychmygu y bydd popeth dwi'n ei brofi'n gweithio o fy mhlaid yn y pen draw. Dwi am feithrin ymwybyddiaeth o lais gormesol Myfi a rhoi stop arni. Pan fydd ei swnian hi'n fy llethu, mi fydda i'n rhoi ugain munud iddi leisio'i phoenau. Mi fydda i'n cofnodi'r sylwadau ac yn mynnu nad yw'n ailadrodd ei hun. Trwy fyfyrio ar y sylwadau, mi fydda i'n ymchwilio i sut alla i fynd at wraidd fy ofnau.

4. **cofio 'mod i'n haeddu cael pethau da a hyfryd yn digwydd i mi**
   Mi fydda i'n trio cofio fod yna gyfle i bethau anhygoel ddod i fy rhan. Waeth pa mor anodd ydi bywyd, mi wna i sicrhau fod cil y drws i fodlonrwydd ar agor. Pan fydda i'n profi boddhad, mi fydda i'n ei drysori ac yn tynnu lluniau efo camera cofio fy meddwl i droi atyn nhw mewn cyfnodau heriol.

5. **diolch yn ddeddfol bob bore a nos am fy mendithion**
   Wrth sylwi ar fy mendithion – o rai bach fel digon o laeth yn y ffrij i gael paned i blant bendigedig a chi annwyl – mi fydda i'n troi at ddiolchgarwch. Os oes yna duedd chwerw a 'bechod drosta i' yn cyniwair, mi fydda i'n llunio rhestr o ddeg peth dwi'n ddiolchgar amdanyn nhw ac yn sgwennu'n ehangach er mwyn dod at wraidd yr anfodlonrwydd. Mi fydda i'n cydnabod styfnigrwydd

'pam fod raid i mi neud hyn' ac yn atgoffa fy hun 'mod i wedi llunio'r maniffesto er mwyn byw yn well, nid er mwyn cosbi fy hun.

6. **sylweddoli fod bywyd yn daith barhaus**
Beth bynnag ddaw i mi, yn droeon trwstan neu'n foddhad, mi fydd yna newid cyson. Dydi llawenydd, mwy na llawr cegin glân, byth yn para ond mae yna bleser i'w ddarganfod yn y dysgu parhaus, y sylwi a'r profi. Dwi mor ddiolchgar nad ydw i'n gwybod beth sydd o 'mlaen i ac nad oes raid i mi chwaith drio rhagweld y dyfodol, ond mae gen i wastad hawl i ddychmygu byd er gwell.

7. **dysgu rhywbeth newydd bob dydd**
Dwi am ddysgu mwy amdanaf fy hun yn ddyddiol drwy ysgrifennu'n gyson am fy mhrofiadau a'u hystyried yn ddiweddarach. Dwi am asesu ydw i'n mynd i rigol ac am wneud un peth newydd bob dydd – o fynd am dro ar lwybr newydd, llnau fy nannedd efo'r llaw 'chwith' i chwilio am ffaith annisgwyl am y byd. Does ddim raid i'r pethau hyn fod yn ddifrifol! Mi alla i greu jar o syniadau wedi'u plygu ar bapurau mân a dewis un bob dydd.

8. **gofyn ydw i'n dilyn y llwybr at hapusrwydd cyn gwneud unrhyw benderfyniad o bwys**
Ym mhob cyfle posib, dwi am bwyllo cyn gwneud penderfyniadau mawr ac ystyried a fyddan nhw'n cynyddu fy llesiant. Dydw i ddim am ddewis atebion sy'n hawdd ar y pryd ar draul gallu bod yn fodlon yn y

tymor hir. Ond mae'n iawn hefyd i mi benderfynu yn fympwyol ar bethau yn achlysurol ac ymddiried yn fy ngreddf.

9. **derbyn y bydda i'n difaru rhai pethau**
Mi fydda i'n gwneud fy ngorau i ollwng gafael ar y gorffennol a derbyn na fydd fy mhenderfyniadau'n plesio pawb. Pan fydda i'n ail-fyw atgofion heriol, mi fydda i'n gwneud fy ngorau i beidio codi cywilydd arnaf fy hun a derbyn eu bod nhw wedi bod yn rhan o'r daith i gyrraedd y presennol.

10. **mentro heibio i'r hyn sy'n gyfforddus unwaith bob dydd**
Mi all hynny fod yn ddŵr oer yn y gawod, smwddio dillad sydd wedi hel yn swp anferth neu'n fyfyrio am funud yn fwy nag ydw i'n arfer ei wneud. Dwi am ddangos dewrder i wthio fy hun i ddyfalbarhau heibio'r diflastod ac i feithrin awch at fywyd.

11. **cydnabod harddwch yn rhywun arall bob dydd a rhannu hynny**
Dwi am dynnu sylw at haelioni neu harddwch yn rhywun arall, nid er mwyn eu plesio, ond er mwyn creu cyswllt cadarnhaol. Nid gwenieithu gwag ond sylwi ar rinwedd o fy nghalon. Gall fod ar ffurf neges ar blatfform digidol neu mewn nodyn wedi'i ysgrifennu â llaw, ond mi fydda i'n ei leisio. Mi alla i hefyd sylwi ar fy rhinweddau fy hun.

12. **daearu fy hun yn ddyddiol ym myd natur**
Dwi am sylwi ar y byd naturiol yn fwriadol gan ddefnyddio fy synhwyrau i gysylltu. Mi wna i bwyllo i edrych yn chwilfrydig ar y byd o 'nghwmpas a pheidio bodloni nes y bydda i wedi darganfod rhywbeth sy'n fy syfrdanu'r mymryn lleiaf un.

13. **addo i fy hun y bydda i'n chwilio am un cyfle i chwerthin yn iach bob dydd**
Mi fydda i'n chwilio am raglen deledu, podlediad neu'r TikTok i fy ysbrydoli. Ac os nad ydw i'n llwyddo, mi fydda i'n cofio'n fanwl gyfnod pan wnes i chwerthin.

14. **gofyn am help pan fydda i'n methu ffeindio'r teimladau hapus**
Dwi am addo i mi fy hun y gwna i drafod efo rhywun arall pan fydda i'n mynd yn sownd mewn tristwch neu ddigalondid. Os ydw i wedi ymdrechu efo pob tacteg bosib i godi fy hwyliau ac yn dal i fethu teimlo'n hapus, mi wna i gofio mor bwerus ydi rhannu baich. Mi alla i hefyd wrando ar boendod eraill a'u cefnogi nhw, ddim achos nad oes gen i hawl i fod yn drist, ond achos y gall rhyddhad godi o drafod yn onest.

15. **caru fy hun er gwaethaf popeth**
Beth bynnag dwi'n ei wynebu – yn drallod, heriau neu'n gamgymeriadau dwi wedi'u gwneud – mi wna i faddau i fy hun a chymryd cyfrifoldeb. Dwi'n oedolyn sydd am wynebu'r goblygiadau efo'r ffydd y galla i ddysgu ohonyn nhw a thyfu'n barhaus – drwy gariad,

nid hunanfeirniadaeth. Fydda i ddim yn twyllo fy hun i ddehongli sefyllfaoedd o safbwynt hunanol, ond yn eu hystyried yn deg ac yn oddefgar, gan gofio 'mod i wastad yn gwneud y gorau ym mhob sefyllfa ar y foment honno. Alla i ddim bod yn gariadus yn y byd heb fod yn llawn cariad ataf fi fy hun. Nid cariad sy'n dewis peidio wynebu profiadau a theimladau anghyfforddus fydd o, ond cariad trugarog.

Ac os nad ydw i'n cadw at y bwriadau hyn, mi fydda i'n cofio bod fory yn ddiwrnod newydd ac yn gyfle i gychwyn arni eto.

Cysylltiadau pwysig

Ffoniwch 999 mewn argyfwng pan mae eich bywyd chi neu fywyd unrhyw un arall dan fygythiad.

111Cymru: Os ydych angen cymorth ar frys i chi eich hun neu i rywun rydych yn bryderus amdano.

https://111.wales.nhs.uk/encyclopaedia/m/article/mentalhealthandwellbeing?locale=cy&term=A

Alcoholic Anonymous: Rhaglen 12 cam at adferiad i unigolion sydd am roi'r gorau i yfed alcohol.

https://www.alcoholics-anonymous.org.uk

Anxiety UK: Elusen sy'n cynnig cymorth i rai sy'n byw â chyflyrau gorbryder, straen a ffobia.

www.anxietyuk.org.uk

Balance: Gwefan yn cynnig cyngor a chefnogaeth ar gyfnod y menopos.

https://www.balance-menopause.com

Cymorth i Ferched: Gwasanaethau cymorth arbenigol ar gyfer trais yn erbyn menywod, cam-drin domestig a thrais rhywiol.

https://welshwomensaid.org.uk/cy/what-we-do/live-fear-free-helpline/; 0808 801 0800

Diverse Cymru: Elusen Gymreig sy'n ymroi i gefnogi a gwarchod iechyd meddwl pobl sy'n wynebu anghydraddoldeb ac arwahaniaeth o ganlyniad i: oedran, anabledd, ailgyfeirio rhyw, partneriaeth sifil neu briodas, beichiogrwydd a mamolaeth, hil, crefydd neu gred, rhyw a hunaniaeth rhywedd.

https://diversecymru.org.uk/?lang=cy

Hafal: Elusen i bobl sydd wedi'u heffeithio'n ddifrifol gan afiechyd meddwl.

https://www.gamian.eu/hafal-wales-leading-charity-for-people-affected-by-serious-mental-illness-and-their-carers/

Hapus.cymru: Gweithgareddau ac adnoddau i geisio ymdopi â chyfnodau anodd.

https://hapus.cymru

Meddwl.org: Gwybodaeth, profiadau ac adnoddau iechyd meddwl.

https://meddwl.org/

Mind: Elusen sy'n rhoi cyngor a chefnogaeth i unrhyw un sy'n profi problem iechyd meddwl.

www.mind.org.uk

Shout 85258: Os ydych chi'n cael trafferth ymdopi, tecstiwch 'SHOUT' i 85258 i dderbyn gwasanaeth tecstio 24/7

https://giveusashout.org/

Y Samariaid: Clust i wrando os nad ydych yn gallu ymdopi efo bywyd neu os ydych chi'n poeni am rywun arall.

https://www.samaritans.org/samaritans-cymru/
Llinell Gymraeg: 0808 164 0123 (7yh–11yh)

Os ydych chi'n teimlo'n rhy fregus i ymdopi, cofiwch ymddiried yn eich greddf ac estyn allan am gymorth – pa un yw'r pryder yn fach neu'n fawr.

Diolchiadau

Diolch i Marged am fod yn olygydd gofalgar ac yn anogwraig barhaus a diolch i Marian Beech Hughes am olygu'r copi.

Diolch i Dafydd Owain am glawr mor drawiadol a llawen a diolch i Rhian Llewelyn Bere am y delweddau bendigedig sydd yn cyd-fynd â phob ymarfer.

Diolch i ffrindiau a theulu sydd wastad yn dod i gefnogi mewn cyfnodau anodd ac yn fy nhynnu i nofio yn y môr, cerdded, mwydro, bod yn greadigol a chofio fod codi hwyliau yn haws efo cwmni da.

Diolch i'r *sanga* Cymraeg am hyrwyddo'r *metta* a fy annog i rannu cariad caredig ataf fy hun ac at bawb o fy nghwmpas.

Rydyn ni i gyd angen cefnogaeth er mwyn ymdopi efo bywyd, a chofiwch fod modd cael cymorth proffesiynol.

Hefyd gan yr awdur:

£9.99

Hefyd o'r Lolfa:

£9.99

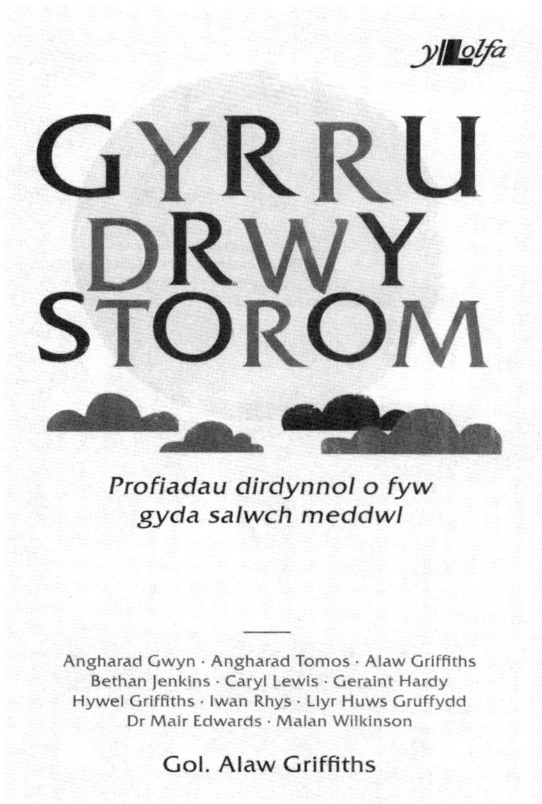
y Lolfa
GYRRU DRWY STOROM
Profiadau dirdynnol o fyw gyda salwch meddwl
Angharad Gwyn · Angharad Tomos · Alaw Griffiths
Bethan Jenkins · Caryl Lewis · Geraint Hardy
Hywel Griffiths · Iwan Rhys · Llyr Huws Gruffydd
Dr Mair Edwards · Malan Wilkinson
Gol. Alaw Griffiths

£7.99

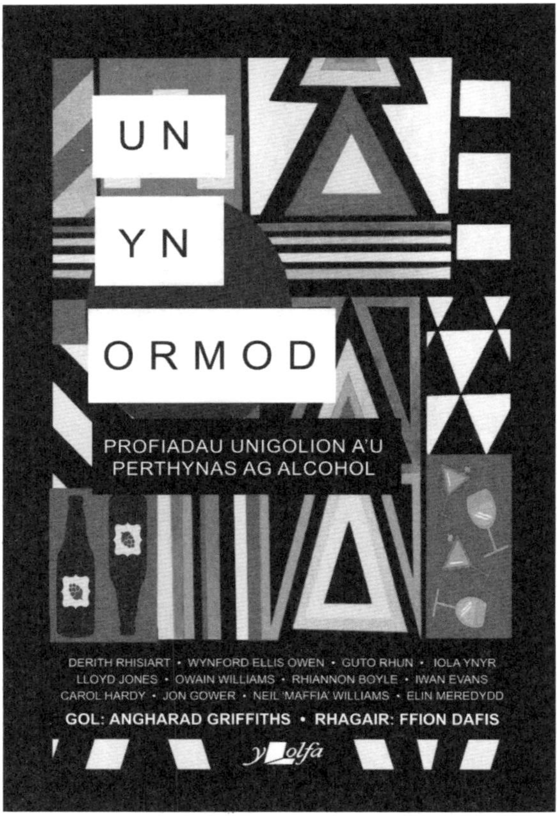
UN
YN
ORMOD
PROFIADAU UNIGOLION A'U PERTHYNAS AG ALCOHOL
DERITH RHISIART • WYNFORD ELLIS OWEN • GUTO RHUN • IOLA YNYR
LLOYD JONES • OWAIN WILLIAMS • RHIANNON BOYLE • IWAN EVANS
CAROL HARDY • JON GOWER • NEIL 'MAFFIA' WILLIAMS • ELIN MEREDYDD
GOL: ANGHARAD GRIFFITHS • RHAGAIR: FFION DAFIS
y lolfa

£8.99

y Lolfa
Galar a Fi
Profiadau ingol o fyw gyda galar
gol. Esyllt Maelor
Branwen Williams, Manon Steffan Ros, Luned Rhys, Cris Dafis,
Gareth Roberts, Nia Gwyndaf, Arthur Roberts, Iola Lloyd Owen,
Sharon Marie Jones, Llio Maddocks, Mair Tomos Ifans,
Dafydd John Pritchard, Manon Gravell, Sara Maredudd Jones

£8.99

y lolfa
DYNOL IAWN
Profiadau unigolion
o ADHD ac Awtistiaeth
GOLYGYDD NON PARRY

£9.99

OEDOLYN
(ISH!)
Y GWERSI DWI WEDI
EU DYSGU FEL NAD OES
RHAID I CHI WNEUD
MELANIE OWEN
y lolfa

£10.99

Casglu Llwch

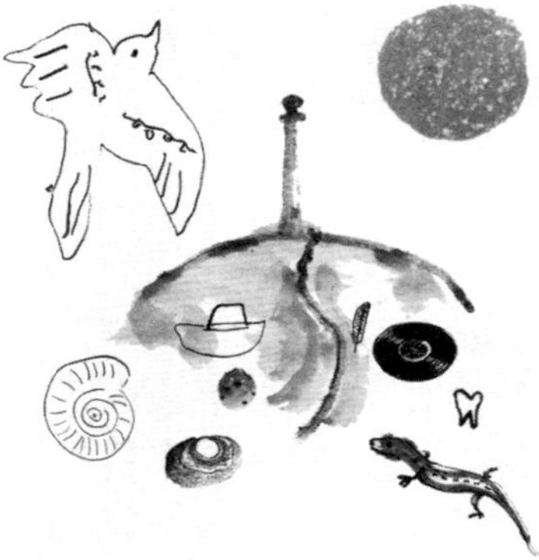

Georgia Ruth

y Lolfa

£9.99